갈라디아서

김선용의
신약 클래스
01

갈라디아서

김선용

비아토르

차례

일러두기

이 글에 실린 성경 본문은 저자의 그리스어 원문 사역(私譯)이다. 그렇지 않은 경우에는 따로 표기해 두었다.

프롤로그

갈라디아서는 현존하는 기독교 문헌 중에 그 유명한 이신칭의以信稱義 가르침이 처음 등장하는 곳이다. 이 사실 하나만으로도 갈라디아서가 매우 중요한 문서라는 것을 알 수 있다. 하지만 이 중요한 신학의 요체가 뜨거운 감정으로 가득 찬 논쟁 투 문장 가운데서 나오기 때문에 갈라디아서에서 바울이 말하고자 하는 바를 선명하게 읽어 내는 일은 생각보다 쉽지 않다.

기독교 서점 책장에는 갈라디아서를 다룬 설교, 강해, 주석, 성경공부 교재가 빼곡히 꽂혀 있고, 이 중 많은 책이 칭의 교리 해설이나 구원론에 초점을 두고 있다. '바른 칭의론'을 알기 위한 목회자와 신자의 노력은 언제나 현재 진행형이다. 그러한 노력 가운데 불필요한 논쟁이 벌어지기도 한다. 교리의 중요성을 감안하면 이해하지 못할 바는 아니지만, 칭의 교리 말고도 갈라디아서 속에 있는 심오하고 다채로우며 풍성한 내용이 그에 걸맞은 관심과 조명을 제대로 받지 못하는 상황은 아쉽다.

이신칭의를 말하는 갈라디아서 2장 16절이 갈라디아서에 없다고 상상해 보자. 갈라디아서에 대한 사람들의 관심이 줄어들까? 만일 그렇다면 갈라디아서를 아직 잘 모르고 있다는 반증일 수 있다. 왜냐하면 갈라디아서에는 이신칭의에 관한 논의 외에도 재미있고 중요한 구절이 아주 많기 때문이다!

이 책은 이러한 '빈 곳'을 채우려는 노력이며, 갈라디아서 한 구절 한 구절에 정당하고 따뜻한 관심을 주면서, 독자로 하여금 편지 전체를 더 세밀하게 읽고 충실하게 이해하게 하려는 의도로 집필되었다. 무엇보다도 바울의 사고 흐름을 짚고 그의 말이 갈라디아인 청중에게 어떤 영향을 끼쳤을지 살펴보는 데 집중했다. 또한 갈라디아서의 각 단락이 본문 전체의 흐름 속에서 어떤 위치에 있고, 어떤 기능(증명, 설득, 단언, 경고 등)을 하는가를 설명했다. 이를 통해 갈라디아서에서 개진된 바울의 주장들이 갈라디아인을 효과적으로 설득하기 위한 것이며, 갈라디아서는 그 목적에 따라 전체적으로 치밀하게 구성된 글이라는 점을 보여주려 했다. 갈라디아서라는 편지 전체를 보면서 동시에 각 구절에도 각별한 관심을 가져야 나무와 숲을 동시에 제대로 볼 수 있다.

갈라디아서를 읽으며 주의를 기울여야 할 주제는 다음과 같다. 이 질문들에 대답을 찾으려는 방식으로 갈라디아서를 읽을 때 치밀한 읽기가 가능해질 것이다.

- 바울은 왜 갈라디아서를 썼는가?
- 바울이 이방인 남성 신자의 할례와 "율법의 행위들"을 반대한 이유는 무엇인가?
- "할례받을 필요가 없다need not"는 주장과 "할례받으면 절대 안 된다must not"는 주장의 차이는 무엇일까?
- 이신칭의 가르침이 어떤 상황과 문맥에서 등장하는가?
- '의롭게 됨(혹은 의롭다고 여겨짐)', '믿음', '율법의 행위들' 등 갈라디아서의 키워드는 **정확히** 어떤 의미인가?
- 믿음과 행함 사이의 관계는 어떠한 것인가?
- '그리스도와 연합' 또는 '그리스도(의 몸)에 참여함'은 정확히 어떤 현상을 말하는가?
- 갈라디아서 5장과 6장의 권면은 1-4장의 신학적 논의와 어떻게 연결되는가?
- 갈라디아서는 그리스도인의 정체성에 대해 뭐라고 말하는가?

이 책에서 제시하는 해석은 엄밀한 학문적 근거를 가지고 있지만[1] 흔히 접하는 해석과 크게 다른 부분들도 발견될 것이다. 독자로 하여금 익숙함에서 벗어나게 하려고 때로는 일부러 낯설고 강경한 내용을 넣었기 때문이다. 갈라디아서의 난해 구절 중에 아직도 학자들이 이해하지 못하는 것들이 꽤 있는데 이런 경우 나 역시 이 책에서 종종 "잘 모르겠다"고 말하며 멈추었다. 역설적인 말이지만, 이 책을 읽고 나서 갈라디아서를 다시 읽을 때 "이 부분은 정말 무슨 말인지 모르겠다"고 말하는 독자가 많아지기를 기대한다. 책을 읽으면서 몰랐던 내용을 배우는 것도 중요하지만 이해되지 않는 것에 대해 독자 자신이 질문을 던지는 것도 그에 못지않게 중요하기 때문이다. 성경 본문을 읽으면서 마음에 떠오르는 질문은 모두 좋은 질문이다. 이 책이 날 선 질문을 던지는 방법을 조금이나마 보여 주었기를 바란다. 또한 바울이 어느 부분에서 억지를 부리는지, 그의 주장 중에 어떤 것이 설득력이 부족한지 독자 스스로

---

1 이 책에서 제시한 해석들 중 적지 않은 수는 곧 출간될 책에서 더 자세하게 다루었다. Seon Yong Kim, *Curse Motifs in Galatians: An Investigation into Paul's Rhetorical Strategies*, WUNT II (Tübingen: Mohr Siebeck, 근간).

정직하게 느끼며 판단하면 좋겠다.

이 책은 반드시 성경을 옆에 두고 본문을 직접 찾아보며 읽어야 한다. 성경 본문은 익숙하지 않은 번역일수록 좋다. 개신교 전통에서 신앙생활하는 사람에게는 〈개정개역〉이나 〈새번역〉이 익숙할 텐데, 익숙하다는 것이 곧 알고 있다는 게 아니라는 사실을 늘 염두에 두어야 한다. 갈라디아서는 〈삼국유사〉보다 훨씬 전에 지구 저편에서 우리에게 익숙하지 않은 언어로 쓰인 편지이므로 이 편지를 읽을 때 그 내용이 익숙하고 바울이 무슨 말을 하고 있는지 잘 알 것 같은 느낌이 들면 이상한 것이다!

기념비적인 갈라디아서 주석을 남긴 루이스 마틴J. Louis Martyn이 권유한 대로, 갈라디아서가 처음 낭독되던 자리에 갈라디아 신자들과 함께 앉아 듣고 있다는 상상을 하고, 가능한 한 마치 처음 듣는 것처럼 선先이해를 지우고 편지 내용을 경청하기를 권한다. 그것도 처음부터 끝까지 한 번에 읽어야 익숙함이 주는 폐해에서 벗어날 수 있을 것이다.

또한 이 책과 함께하는 동안은 교회나 신학교에서 들었던 교리의 렌즈로 갈라디아서를 읽지 않기를 권한다. 갈라디아서는 기독교 신학이 말끔하게 정리되기 훨씬 전에 저술된 편지이기 때문에 교리의 눈으로 보면 중요한 구절들을 시대착오적으로 읽을 가능성이 커진다. 갈라디아서가 특정 시대에 특정한 교회의 특정한 문제를 다룬 상황적 편지라는 사실, 고대인의 의사소통 방법, 고대인의 세계관, 이 세 가지 기본 지식을 가지고 있어야 우리는 갈라디아서를 읽을 준비가 되었다고 할 수 있다. 갈라디아서가 저술될 당시의 맥락에서 파악한 뒤에 교리의 관점으로 해석하는 것이 바른 순서이다.

이 책은 〈기독교사상〉에서 7개월 간 연재했던 글을 모으고 다듬어서 엮은 것이다. 목회자와 신학도를 주 독자층으로 염두에 두고 집필했으므로 전문적인 학술서와 경건서적 사이 그 어디쯤 이 책이 위치할 것이다. 어떤 독자에게는 전문성이 부족하게 느껴질 수도 있고, 다른 독자는 너무 내용이 어렵다고 생각할 수도 있겠지만, 이러한 두 부류의 독자를 동시에 어느 정도 만족시킬 수 있으면 좋겠다는 희망도 가져 본다. 한숨에 읽을 수 있는 간명한 책이 되도록 원래 하고 싶었던 말을 가능한 한 덜어 내며 글을 썼다. 5년에 한 번씩 학계의 최신 연구결과를 반영하고 독자의 의견을 청취하여 개정 증보판을 내려고 한다.

허름한 글을 다듬고 또 다듬어 주신 박동은 선생님께 감사드린다. 덕분에 메마르고 맵시 없는 문장이 말쑥해졌고, 문단 사이의 느슨함이 촘촘해졌다. 좋은 질문을 해 주시고 또 실수를 바로잡아 주신 〈기독교사상〉 정필석 편집장에게도 감사의 말을 전한다. 부족한 글을 선뜻 받아 책으로 만들어 주신 비아토르 김도완 대표님과 산뜻한 새 옷을 입혀 주신 디자이너 임현주 대표님께도 감사드린다. 이 작은 책이 갈라디아서라는 큰 산을 오르는 데 도움을 주는 야무진 가이드가 되길 소망한다.

2020년 10월
김선용

갈라디아서 1장

유일한 바울의 복음

갈라디아서는 바울이 쓴 다른 편지와 비교할 때 두드러진 점이 몇 가지 있다. 갈라디아서를 제외한 다른 편지를 쓸 때 바울은 당시의 편지 쓰기 관행에서 크게 벗어나지 않았다. 당시 편지들은 편지 발신자와 수신자에 대한 정보(예: 바울이 디모데에게)에 뒤이어 감사의 표현이나 건강 기원 등을 담고 있었다.

이집트 나일강 하류 지역에서 발견된 2세기의 일상적 편지 한 장을 살펴보자.[1]

> 아피온이 그의 아버지이자 "주lord"인 에피마코스에게
>
> 온전히 안녕하시길!
>
> **무엇보다도 먼저 저는 아버지께서 잘 지내시고 언제나 건강하시길 기도합니다.** 누이와 그 딸, 그리고 내 동생을 위

1 Hans-Josef Klauck, *Ancient Letters and the New Testament* (Waco: Baylor University Press, 2006), 10–11.

해서도 [기도합니다].

주님이신 세라피스(이집트의 신)**께 감사를 드립니다.** 제가 바다에서 위험에 처했을 때 세라피스께서 [저를] 즉각 구조해 주셨기 때문입니다.

그러나 갈라디아서 도입부에서 바울은 이러한 관행에서 상당히 벗어나 있다. 그는 감사 표현 대신 저주를 써넣었다. 그것도 두 번(1:8-9)이나! 갈라디아서가 회중 앞에서 처음 낭독될 때 갈라디아 회중은 자기들의 관습적 기대에 정면으로 반하는 이 대목에서 무척 놀랐을 것이다. 이는 정확히 바울이 의도한 바였다. 앞으로 보겠지만, 갈라디아서는 전복적 의미가 곳곳에 박힌 구약해석, 독특한 은혜 이해, 복음 설명, 일반적이지 않은 율법 이해, 새로운 기반 위에 쌓은 윤리적 가르침으로 가득 차 있다. 이 모두를 아우르는 중심에 청자의 두려움을 자극하여 자신의 편에 서게 하려는 바울의 계산된 수사법이 있다. (수사법은 효과적으로 설득하는 방법을 연구하는 수사학에서 도출된 기술이다.) 편지 도입부의 저주문구는 그가 사용한 수사법의 한 예이다.

1장을 채우는 주제는 바울 사도직의 신적 기원과 권위, 회심 전과 후 바울 삶의 극적 변화, 그리고 예루살렘 사도들과 미묘한 관계이다. 이러한 굵은 씨줄에, 본론에서 자세히 다룰 은혜의 본질, 복음의 규범성(복음은 순종의 대상이라는 의미에서), 율법 이해, 갈라디아 교인이 처한 상황에 대한 진단이 희미한 날줄의 형태로 엮여 있다.

1:1-5

편지의 첫 문장에 유난히 "~이 아니라not"라는 부정적 표현이 많이 나온다.

> 1 사람들에게서도 **아니고**, 사람을 통해서도 **아닌**, 오히려 예수 그리스도와 그를 죽은 자들로부터 일으키신 아버지 하나님을 통해 사도가 된 바울

이례적이다. 강조점은 명확해진다. 바울은 본론에서 집중적으로 다룰 주제와 단어를 편지 서두에서 언뜻언뜻 비친다. 편지의 첫 구절에서 이미, 바울 복음과 그의 사도직의 권위와 원천이 이 편지의 주요 이슈임을 엿볼 수 있다. 바울은 그의 사도직이 하나님과 예수 그리스도에게 직접 임명된 것이며, **자신이 전한 복음만이 유일한 복음이라고 강조**한다(1:7-9, 11 참고). 이 주제는 1장을 지배한다. 1장 11

절과 12절을 보면 쉽게 알 수 있다. 그런데 바울은 왜 이 주제에 집중하고 있을까? 바울의 사도권이 갈라디아 교회에서 문제시되었고 이에 대한 반응으로 자신의 사도권을 옹호하고 있다는 해석이 통상적 대답이다. 그러나 더 중요한 측면이 있다. 바울 복음의 기원이 하나님이라면 바울의 복음은 '절대적 권위'가 있다는 말이 된다. 즉 바울은 그가 전한 복음이 일점일획도 더하거나 빼서는 안 되는 불가침의 대상이라는 메시지를 전하려고 하는 것이다.

1장 4절에서 바울은 예수 그리스도의 죽음이 띈 형식과 돌아가신 목적을 독특하게 표현한다. 현대 그리스도인은 귀에 너무 익숙한 표현이어서 별 주의를 기울이지 않고 읽다가 그 독특한 표현의 의미를 놓치기 쉽다. 찬찬히 짚어 가며 읽어 보자. 바울은 먼저 예수께서 우리의 죄들(복수형)을 위해 "그 자신을 주셨다"고 말한다. 단순히 '죽었다'는 동사 대신 이 표현을 쓴 이유가 있을까? 또 그는 예수가 죽으신 목적을 "우리를 이 악한 세대에서 집어 올려 내시기 위해서"라고 한다. 바울은 이것이 하나님의 뜻에 따라 이루어진 일이라고 천명한다. (앞으로는 이것을 '그리스도-사건the Christ-event'이라고 명명하겠다.) 바울의 이 진술들을 하나하나 살펴보자.

먼저 예수의 죽음을 우리 죄들을 위해 자신을 '주신' 행위로 표현한 이유가 무엇일까? 이 표현은 갈라디아서 2:20에서 유사 단어('넘겨 주심')로 다시 등장하며, 이어지는 21절에서 이 특별한 표현을 쓴 이유를 찾을 수 있는데, 바로 '그리스도-사건'이 지닌 선물의 측면이다. 그리스도께서 자기 자신을 (넘겨) 주신 행위는 헤아릴 수 없을 만큼 값진 하나님의 선물이고, 따라서 무효화될 수 없으며 무효화해서도 안 된다. 이 신학적 사실과 당위성으로부터 바울은 의로움이 율법을 통해 올 수 없다는 결론을 도출한다.

> 나는 하나님의 은혜(선물)를 무효화하지 않는다. 만약 의로움이 율법을 통해서 [온다면], 그리스도께서 헛되이 죽으셨다(2:21).

바울은 여기에서 그리스도의 자기-주심과 은혜의 관계, 그리고 은혜와 칭의의 관계를 스케치 정도로만 남겨 둔다. 그리고 나중에 편지 본론에서 자세하고 복잡한 논증을 통해 이 관계들이 규명된다.

"현재의 악한 세대로부터 집어내시기 위해" 예수께서 돌아가셨다. 우리가 죽어서 천국에 가도록 하기 위해서가 아니라, 우리를 장악하고 있는 현시대의 악한 손아귀에서 우리를 끄집어내기 위해, 다시 말해 우리가 악한 시대와 분리된 채 살아가도록 예수께서 돌아가셨다. 바울은 편지의 초두부터 그리스도 죽음의 의미를 기반으로 신학(구원론)과 윤리(현재의 악한 세대를 거슬러 어떻게 살아가야 할까)를 하나로 엮어 말한다. 그러므로 5-6장에서 성령의 열매와 육체의 열매를 논하는 것은 결코 이 중요한 신학적 편지의 부록이 아니다. 믿음은 삶으로, 특히 사랑으로 표현되어야 한다(5:6). 이것이 바로 '그리스도-사건' 안에서 일하신 하나님의 뜻이다(1:4).

1:6-10

이 단락에서는 바울 복음이 지닌 유일성이 강조된다. 갈라디아 교인들이 할례를 받아야 한다는 가르침을 따르는 상황을 바울은 "은혜를 통해 부르신 분(하나님 또는 그리스도)"을 빠르게 버리고 떠난 행동이라고 진단한다. 위에서 보았듯이 바울은 하나님의 은혜를 무효화하지 않는다고 말했기 때문에, 이미 이 구절에서 갈라디아 교인들과 자신의 결정적 차이를 암시한다고 볼 수 있다. 바울은 자기가 선포한 복음과 다른 가르침을 "다른 복음"이라고 말했다가,

즉시 혹여 있을 수 있는 오해를 불식시키려는 듯이 “또 다른 복음은 존재하지 않는다”고 덧붙인다. 바울이 전한 복음은 인간에게서 연원하지 않은 “그리스도의 복음”(1:7)이다. 갈라디아 교인들의 마음을 휘저어 놓은 이들은 복음을 전한 것이 아니라 “그리스도의 복음을 변질시켰다.”

이렇듯 ‘변질된 복음’을 전하는 사람(들)의 정체를 정확히 파악하기는 어렵다. 그러나 그들의 설득에 많은 갈라디아 신자의 마음이 움직인 것은 분명하다. 이미 설득당한 갈라디아인들을 돌이키는 일은 바울에게 쉽지 않은 과제였다. ‘다른 복음’을 전하는 자들은 갈라디아 신자들 가운데 거주하고 있었던 것 같다. 바울이 구약을 기반으로, 그리고 그 외의 합리적 논증에 기대어 갈라디아인들의 마음을 돌리려고 한들 그들과 함께 있는 ‘변질된 복음’의 전도자들은 그 자리에서 바울의 주장을 하나하나 논박할 수 있었다. 설득은 명백한 사실 적시만으로 가능한 일이 아니다. 감정, 권위, 세간의 인정, 청자와의 관계 등 여러 요소가 화학 작용을 이루어야 설득이 가능해진다. 이러한 측면에서 갈라디아 회중과 가까이에서 직접 소통할 수 있었던 “복음을 변질시킨 자들”은 확실히 유리한 위치에 있었다. 상대적으로 불리한 상황에 놓여 있던 바울이 선택한 설득

방법은 감정에 호소하는 수사학, 더 정확히는 청중의 두려움을 자극하는 논법이었다.

바울은 자신이 전한 복음, 즉 그리스도의 유일한 복음에 무엇을 더하거나 빼는 일은 절대 있을 수 없음을 천명한다. 고대인들은 성스러운 법sacred law에서부터, 성스러운 문서, 그리고 무덤까지 전적으로 보호되고 보전되어야 할 것들에 저주를 걸어 타인이 침해할 수 없게 해 놓았다. 고대인 대부분이 이런 저주가 실제로 작용한다고 믿었다. 간단한 예를 보면 고대인의 이러한 믿음을 금세 알 수 있을 것이다.

> 누구든지 이 뼈들을 옮기는 이는 저주받기를! (고대 소아시아 지역에서 발굴된 저주 문구)[2]

나는 이 책에 기록한 예언의 말씀을 듣는 모든 사람에게

---

2 W. H. Buckler, W. M. Calder and W. K. C. Guthrie, *Monumenta Asiae Minoris Antiqua [MAMA]*, vol. IV (Manchester, 1933), no. 84, lines 4–6; J. H. M. Strubbe, "Cursed Be He that Moves My Bones," *Magika Hiera: Ancient Greek Magic and Religion* (Oxford: Oxford University Press, 1991), 33.

증언합니다. 누구든지 여기에 무엇을 덧붙이면, 하나님께서 그에게 이 책에 기록한 재앙들을 덧붙이실 것이요, 또 누구든지 이 예언의 책에 기록한 말씀에서 무엇을 없애 버리면, 하나님께서 이 책에 기록한 생명 나무와 그 거룩한 도성에서 그가 누릴 몫을 없애 버리실 것입니다(계 22:18-19, 새번역).

광의의 맥락에서 유사한 방식으로 절대 침해될 수 없는 바울 복음의 규범성normativity은 바울이 선언한 저주를 통해 보전된다. 바울 자신이나 천사를 포함한 그 누구라도 바울이 전한 복음과 다른 복음을 전하면 저주를 받는다(1:8-9). 갈라디아서는 편지이고 그 안에 이중으로 저주 문구가 적혀 있기 때문에 이를 읽는 자 중에 혹 바울 복음과 다른 복음을 전하거나 바울 복음에 걸맞지 않게 사는 사람은 저주를 받게 된다. 저주가 두 차례나 선포된다. 이는 그저 말뿐인 위협이 아니다. 5:4을 보면 이미 이러한 조건부 저주가 자동적으로 실행되고 있음을 알 수 있다. 이 저주와 5:4을 잇는 구절은 3:10이다. 나중에 살펴보겠지만 5:4과 3:10은 형식적으로도 비슷하다. 복음이 은혜를 통해 가져다준 복이 그리스도와의 연합이므로, 그리스도에게서 분리되고 은혜에서 떨어지는 것이 곧 저주이다.

1:11-24

11절과 12절 역시 1절과 마찬가지로 바울이 전하는 복음이 지닌 신적 기원을 강조한다. 13절과 14절에서 바울은 부활하신 그리스도를 만나기 전 자신이 어떤 삶을 살았는지 말하고 있다. 특히 자신이 유다이즘[3] 안에서 조상들의 전통과 가르침에 깊이 헌신했음을 유독 강조하고 있다. 이러한 그의 과거는 16절에서 그리스도의 만남과 극적인 대비를 이루며 모든 유대적 가치를 폄하한다. 이 주제 역시 갈라디아서의 주요 대목, 특히 율법의 가치에 대한 논증에서 아주 중요하게 다루어진다.

특히 교회를 파괴하고 핍박했던 시절을 회상한 뒤에 바로 이어 하나님의 의지로 그리스도와 만나게 된 사건을 이야기하면서 그리스도-사건이 하나님의 선물로 주어질 때 인간이 그것을 받을 만한 아무런 가치가 없음을, 아니

---

3 유대인의 신앙과 서로에 대한 헌신, 율법을 따르는 생활, 그리고 애국심과 민족적 정체성을 '유대교'라는 하나의 종교를 의미하는 듯한 단어로 표현하는 것은 부적절하다. 적절한 우리말 대체어가 없어 '유다이즘'이라는 용어를 그대로 사용한다.

그 선물은 심지어 극도의 부정적 가치를 지닌 사람에게도 주어진다는 은혜의 비상응성을 강조하고 있다. 바울이 살던 세상에서는 선물 주고-받기 관습이 사회의 근간을 이루었다. 현대인의 통념과는 정반대로 선물을 제대로 주기 위해서는 선물 받을 사람을 신중히 골라야 했다. 받을 만한 가치가 있는 자에게 주는 선물이 좋은 선물이었고, 선물을 받은 사람은 유형이든 무형이든 자기가 받은 선물의 가치만큼 되갚을 의무감을 갖는 것이 자연스러웠다. 이러한 당대의 맥락에서 볼 때 하나님께서 교회를 핍박하던, 그래서 선물을 받기에 합당하지 않은 바울에게 그리스도라는 선물을 주신 것은 충격적이며 사회적 가치 체계를 거스르는 행위였다.[4]

다메섹 회심 사건은 사도행전에 세 번이나 나오는 유명한 이야기지만 바울 자신이 말하는 그리스도와 만남은 갈라디아서 1:15-16이 유일하다. 문자적으로 해석하면 그리스도가 바울 "안에 계시되었다." 그리스도가 바울 '안에' 계시되었다는 주제는 2장에서 "내 안에 사시는 그리스

4 이것이 존 바클레이가 쓴《바울과 선물》의 주요 논지이다. J. M. G. Barclay, *Paul and the Gift* (Grand Rapids: Eerdmans, 2015).

도"라는 유명한 고백으로 재현되고, 이후 갈라디아 교인들 '안에' 그리스도의 모습이 재형성되기를 바란다는 바울의 소망으로 나타나기도 한다(4:19).

그런데 왜 바울은 자신의 과거를 말하는 것일까? "계시"라는 표현이 이 단락에서 두 번이나 나오는 것(1:12, 16)으로 미루어 볼 때, 여전히 그는 그리스도와 만남부터 그 이후의 사역까지 늘 사람에게 의존하거나 배운 적이 없음을 강조하고 있다고 할 수 있다. 여기에서 바울은 예레미야나 이사야를 연상시키는 방식으로 자신의 정체성을 드러낸다. 이방인의 사도라는 직무와 그가 선포한 내용은 하나님께서 직접, 바울이 태어나기 전부터 계획하고 그에게 의탁하신 것이다. 그러므로 그가 전한 복음은 하나님께서 인증하신, 이방인 신자들이 순종해야 할 절대적 권위를 지닌 메시지이다. 다시 말해, 바울은 자전적 이야기를 통해 갈라디아 신자들에게 메시지를 전하고 있는 것이다.[5] 또한 자신이 선포하는 복음이 예루살렘 교회의 사도들이 전하는 복음과 전혀 차이가 없음을 2:10까지 변론한다. 여기

5 Beverley R. Gaventa, "Galatians 1 and 2: Autobiography as Paradigm," *Novum Testamentum* 28 (1986): 309–326.

에서 바울의 전략을 잘 살펴볼 필요가 있다. 그는 예루살렘 사도로부터 독립된 지위를 말하는 **동시에** 그들에게 자신의 복음이 인정받았다는 사실을 밝힘으로써 권위와 관련한 미묘한 줄타기에 비교적 성공했음을 보여 준다.

결국 1장에서 바울이 말하고자 하는 바는 이러하다. **자신이 전하는** 복음만이 유일하고 참된 것이고, 그의 복음은 예루살렘의 사도들이 전하는 복음과 전혀 차이가 없다. 바울이 전한 복음에서 벗어나면 누구든지 저주의 대상이 된다. 앞으로 계속 살펴보겠지만 바로 이 점이 갈라디아서 이해에 결정적 도움을 준다. (율법과 칭의의 관계를 다루는 로마서와 차이가 나는 지점이기도 하다.) 복음은 구원을 가져다주는 기쁜 소식일 뿐만 아니라, 조금이라도 침해되어서는 안 되는 순종의 대상이다. 앞서 말했듯 신성한 물건이 손상되거나 침해되지 않도록 저주를 걸어 놓는 것은 고대의 사회와 종교에서 일반적으로 관찰되는 현상이다. 예수 따르미 Jesus-follower가 되기 전 이방인으로서 이방신들을 숭배했던 갈라디아 신자들에게 바울의 이러한 메시지는 낯설지 않았을 것이다.

갈라디아서 2장
전반부

회상으로 권면하기

갈라디아서 2장 전반부(2:1-10)는 1장 후반부(1:15-23)와 함께 묶어 바울의 자전적 기술이 담겨 있는 한 단락으로 간주하는 것이 좋다. (비교적 안온한 분위기인 전반부에 비해 2:11부터는 갈등이 가득 담긴 회상이 시작된다.) 바울은 예루살렘 사도들이 이방인 선교에 관한 자신의 독립된 지위와 그가 전하는 복음의 내용도 인정했다는 사실을 말한다. 그는 자신이 애매한 위치에 놓였다는 사실을 잘 알았다. 법률용어로 말하자면 '실체적 진실'은 바울이 예루살렘 사도들의 권위에 종속되어 있다는 것이다. 많은 갈라디아인도 바울이 예수님의 제자 무리에 속하지 않았다는 것을 인지하고 있었을 것이다. 갈라디아 신자들이 '할례의 복음'을 큰 저항 없이 받아들인 이유를 명확히 밝히기는 불가능하지만 아마도 예루살렘 사도, 특히 야고보가 '할례의 복음'에 우호적 입장을 취한 것이 결정적이지 않았을까 추정해 본다. 이것이 안디옥 사건으로 널리 알려진 바울과 베드로 사이의 충돌 원인으로 꼽히기 때문이다. 이 점은 아래에서 자세히 논하겠다.

바울은 자신의 자리가 종속적인 것을 부인하지 않으면서 동시에 자신의 복음이 하나님에게서 직접적으로 왔음을 여러 번 강조하며 자신의 사도직과 복음의 권위 및 독립성을 주장한다. 그러나 고린도전서 15:3에서는 그가 복음의 핵심 메시지를 다른 사람에게서 전해 받았다고 하는데, 이렇게 상황에 따라 상반된 주장을 하는 것을 보면 바울의 탁월한 상황 대처 능력을 가늠해 볼 수 있다.

바울이 남긴 것은 편지뿐이다. 일방형 소통인 편지에서는 인물과 사건에 대한 서술이 오로지 바울 자신의 관점으로만 그려지기 때문에 바울의 말을 이해하기 어려울 때가 많다. 그가 처한 상황, 그가 다루려는 문제, 청중의 상황, 1세기 역사-문화 맥락을 다 고려하지 않으면 그가 말하려는 내용이 무엇인지 어림잡을 수 없다. 그러므로 그가 말한 특정 내용을 문맥에서 분리해 교리화하거나 윤리지침으로 손쉽게 변환하는 작업에는 늘 위험이 따른다. 성서학이 존재하는 이유이다.

2:1-5

1:18과 21절, 그리고 2:1은 "그러고 나서"라는 단어로 시

작한다. 바울은 세 가지 사건의 흐름을 연대적으로 간결하게 정리하되 주요 내용을 빼놓지 않고 서술한다. 당대 수사학자들이 추천했던 방식 그대로이다. 2:1의 "그 후"[1]가 1:18의 사건 뒤에 흐른 시간을 가리키는 것인지, 아니면 바울의 회심 사건 이후를 지칭하는지 알 길이 없다. 하지만 바울의 논점을 파악하기 위해 굳이 정확한 시간대를 알 필요는 없다. 그의 예루살렘 방문에서 무슨 일이 있었는지, 그리고 그 방문을 이 논쟁적 편지에서 굳이 회상하는 이유가 무엇인지 살펴보는 것이 훨씬 중요하다. 바나바와 디도를 데리고 바울은 "계시를 따라" 예루살렘에 갔다. 예루살렘 사도 무리가 불러서 간 것이 아니고, 그들에게 인정받고자 방문한 것도 아니라는 말이다. 1:1이 떠오르지 않는가? 독립성, 바울이 강조하고 싶은 점이다. (현대 독자에게는 아쉽겠지만 바울이 여기에서 말하는 '계시'가 정확히 어떤 현상을 말하는 것인지 정확히 알 수는 없다.)

바울은 왜 예루살렘 방문기를 이 편지에 썼을까? 두 가지 이유가 있다. 첫째, 자신이 전하는 복음이 예루살렘 사도가 전하는 복음과 전혀 다른 점이 없다는 것을 천명하기

---

1 개역성경에는 이 단어의 번역이 빠져 있다.

위함이다. 2:2을 보면 바울은 '유력한 지도자' 그룹을 사적으로 만나 이방인에게 전하는 복음을 제시했다고 밝힌다. 이는 자신이 이방인의 사도로서 해 온 사역이 헛된 것으로 여겨지지 않게 하기 위해서이다. 바울이 사실상 예루살렘 사도들의 권위를 인정하는 모습을 볼 수 있다. 둘째, 예루살렘 방문 시 불거진 이방인 신자의 할례 문제에 대해 바울 자신이 압력에 굴하지 않고 이방인 신자는 할례받을 필요가 없다고 주장했음을 알리기 위해서이다. 이때 그가 취한 입장은 갈라디아 교인이 취해야 할 모범이다. 자기를 본받으라는 암묵적 권고이다.

여기서 우리가 주목해야 할 단어를 나열해 본다. 바울이 회상을 기록한 이유를 명확히 알기 위해 필요한 작업이다.

강요하다,[2] 자유, 종으로 삼다, 복음의 진리

직관적으로 와닿지 않지만, 이 모든 단어를 하나로 묶는 끈은 '이방인과 유대인 사이의 공동체 내 지위 문제'이

2 개역성경에는 "억지로"라고 번역되어 있다.

다. 학자들, 특히 '바울에 관한 새 관점'[3] 주창자들은 이 문제의 본질을 유대인의 배타성, 유대민족 중심주의라고 진단한다. 일부 유대인 출신 그리스도인은 이방인이 믿음으로 그리스도 안에 있더라도 유대적 삶의 방식에 따라 살아가야 온전한 하나님 백성의 지위를 획득할 수 있다고 믿었다. 갈라디아서에서 다루는 핵심 논증은 바울이 여기에서 간략히 서술하는 사건에 이미 들어 있다. 즉 **이방인**의 사도가 **예루살렘**을 방문했을 때 **유대인** 정체성의 핵심인 **할례**를 이방인 신자가 받아야 하는지 논쟁이 불거졌고 바울은 받을 이유가 없다는 입장을 고수했다.

위에 나열한 단어 중에 먼저 '강요함'을 살펴보자. 종종 독자가 놓치는 점인데 이방인 신자의 할례 문제를 다룰 때 바울은 유독 '강요함'에 격한 거부반응을 보인다. 갈라디아서보다 나중에 집필된 로마서만 보더라도 바울의 기본 주장은 하나님과 바른 관계를 회복하기 위해 이방인 신자의 할례는 불필요하다는 것이다. 그러나 갈라디아서에서 바울은 할례받으라고 강요하는 행위를 맹렬히 비난한다. 마치 강요 없이 할례를 그냥 권유하는 건 별 문제없다

3 '바울에 관한 새 관점(the New Perspective on Paul)'에 대해서는 부록 참조.

는 인상을 줄 정도로 말이다. 2:3을 보자. "하지만 나와 함께 있던 디도는 헬라인임에도 불구하고 할례를 강요받지 않았다." 왜 강요가 문제일까? 다음 절을 보면 그 실마리를 찾을 수 있다.

2:4에서 바울은 예루살렘에 있던 거짓 형제들을 비난한다. 그들이 "우리가 소유한 **자유**를 보고 우리를 **노예**로 삼으려 했다"는 것이다. 바울은 **복음의 진리**를 수호하기 위해 그들의 **강압적 행동**에 굴하지 않았다고 말한다. 이 진술을 어떻게 이해하는 것이 좋을까? 우선 노예라는 단어가 '위계질서'를 함의한다는 점에 주목하자. 로마제국은 근본적으로 명예와 수치라는 가치 아래 작동되던 사회였다. 노예라는 신분은 수치스러움의 극치를 드러내는 것으로 사람들은 노예라는 단어 자체를 입에 올리기 꺼려할 정도였다. 거짓 형제들의 행동이 설사 선한 의도에서 나온 것이었다 해도(고의로 악행을 일삼는 '형제'를 예루살렘 공동체가 용인했다고 보기는 어렵다!) 그 행동은 하나님 앞에서 유대인이 이방인에 비해 우월하다는 전제를 내포하고 있다. 이방인 신자가 할례를 받아서 유대인의 삶의 방식을 받아들여야만 한다는 주장이기 때문이다. 바울은 유대인의 우월의식과 선민의식을 비판했다. 그가 보기에 이방인 신자가 유

대적 삶의 방식을 채택해야 하는가는 본질적 문제가 아니었다. 이방인 신자와 유대인 신자는 그리스도 안에서 이미 동등한 지위를 가졌다. 이 점은 바울에게 단순한 주장이 아니라 복음의 진리와 동치이다. 그리스도 안에서 모든 이가 같은 신분이므로 서로 강압할 권리가 없고, 모두가 자유롭다. 이것이 복음의 진리가 지닌 내용이다.

'복음의 진리'와 '자유'라는 단어는 그와 연관된 주제와 함께 본문에서 반복해서 나온다. 이신칭의 논의는 바로 이러한 배경 아래 등장한다. 믿음으로 의롭다고 여겨진다는 가르침은 하나님께서 믿음 외에는 어떤 인간적 가치와 규율도 고려하지 않으신다는 선언과 같다. 할례로 대표되는 유대적 삶의 방식도 하나님이 이루시는 종말론적 칭의와 구원에 아무런 가치를 지니지 못한다. 그러므로 흔히 구원론의 정수라는 이신칭의 교리는 교회론이기도 하다. 이방인 신자와 유대인 신자는 교회 안에서 아무런 차이가 없는 동등한 하나님의 백성이다. 이 점을 세세히 설명하는 것은 다음 장으로 미룬다. '복음의 진리'라는 단어는 안디옥 사건을 회상할 때 또 등장하므로 기억해 두시라!

2:6-10

2:2을 보면 바울 자신이 예루살렘의 주요 사도들에게 인정받을 필요가 있음을 시인하는 것 같다. 그러나 1장 해설에서 언급했듯이 2:6부터는 바울이 자신의 사도직과 복음이 애초에 예루살렘 사도에게 인정받을 필요가 없던 것처럼 말한다. 더 나아가 자신의 사도 임무가 베드로의 직분 및 권위와 다를 바 없다고 대담하게 선언한다. 베드로가 유대인에게 복음을 전하는 대표 사도인 것같이 바울 자신은 이방인 전도에서 베드로와 맞먹는 권위를 가지고 있다고 주장한다. 이것이 1인칭 회상인 점, 즉 바울 자신의 관점으로 진술된 내용임에 주목하자. 바울은 자신의 의도에 맞게 예루살렘 회상기를 기술(혹은 구술)한다. 중립적이고 객관적인 서술이 아니다. 사실 그는 이 방문 이야기를 통해 갈라디아인에게 하고 싶은 말을 하는 중이다.

> 8베드로 안에서 [그를] 할례의 사도직으로 움직여 이끄신 분이 또한 내 안에서 [나를] 이방인에게 향하도록 움직여 이끄셨다.

정교하게 균형을 맞춘 위 문장을 문자 그대로 받아들

이면 베드로와 바울은 동급의 사도이다. 이와 같은 주장은 바울 자신의 복음이 지닌 권위를 재천명하는 기능을 한다. 이방인인 갈라디아 신자들은 바울이 이방인의 사도로서 베드로만큼 대표 자격을 지닌 이상 자신의 복음을 붙들어야 한다는 메시지를 넌지시 전하는 것이다. 2:2의 진술과는 달리 2:9에서는 바울이 자신과 예루살렘 사도 그룹과의 완전한 의견일치와 상호인정을 말한다("친교의 오른손을 내밀었다"). 이 모든 옛이야기는 한 곳을 가리킨다. 바울 복음은 하나님에게서 기원했으며 예루살렘 사도들이 전한 복음과 동일하다. 하나님과 사도들에게 이중으로 인증받은 셈이다. 그래서 유일한 복음이고 유일한 권위를 지닌다. 누구라도 이에서 벗어나면 안 된다. 이것이 갈라디아 신자를 향해 던진 메시지이다. 그럼 이 복음의 진리에서 벗어나면 어떤 일이 벌어지는가? 그것이 아래에서 바울이 하고 싶은 말이다.

2:11-14

바울은 후반부에서도 옛이야기를 이어가지만, 지금까지 훈훈했던 분위기는 갑자기 싸늘해진다. 바울은 소위 '안디옥 사건'을 회상한다. 그에게 친교의 오른손을 내밀었던 게바를 바울은 면전에서 꾸중하며 맞섰다. 이야기를 진술하는 톤이 갑자기 변하니 안디옥에서 일어난 사건에 청자[4]의 주의가 집중될 수밖에 없다. 바울은 강조하고 싶었던 것이다.

무엇을 강조하고 싶었을까? 2:14에 "복음의 진리"라는 표현이 다시 나오고 '이방인'과 '유대인'이라는 단어들도 또 나온다. 이로 미루어 보면 바울은 게바가 이전에 예루살렘에서 이뤄진 '친교와 일치'에 배치되는 행동을 했다고 대놓고 말하고 있다. 게바는 예루살렘 측에서 온 무리("야고보에게서 온 어떤 사람들")를 두려워하며 이방인 신자와 함께한 식사 자리에서 물러났다. 예수님의 수제자로 널리 알려진 게바의 행동은 바울의 눈으로 볼 때 이방인 신자에게 **유대인처럼 살라고 강요**한 것이다(2:14). 권위를 널리 인정받았던 게바가 이방인 신자와의 식탁교제를 꺼렸다는 것은 그가 이방인 신자의 지위를 낮추보았다는 의미이고, 이는 이방인 신자가 유대인처럼 살아야만 온전한 하나님의 백성이 될 수 있다고 주장한 것과 다름없기 때문이다.

---

4 당시에는 문맹률이 매우 높았으므로 바울의 편지는 회중 앞에서 (여러 번) 낭독되었을 것이다. 따라서 편지의 독자보다는 청자가 많았을 것이다.

다시 말하지만 바울의 회상은 중립적 진술이 아니다. 그의 안디옥 사건 회상에 따르면 게바는 겁쟁이(2:12)에 위선자이며(2:13) 복음의 진리에 따라 사는 사람이 아니다(2:14). 게바의 행동은 안 좋은 예의 극치이므로 절대로 본받지 말아야 한다.

바울은 더한 말도 한다. 이방인 신자에게 유대인처럼 살라고 강요한 결과로 게바는 이미 정죄받았다!(2:11) "카테그노스메노스 엔(κατεγνωσμένος ἦν)"은 정확히 번역하기 어려운 단어인데, '이미 유죄판결 받았다' 혹은 '경멸받았다'는 의미로 번역할 수도 있다. 수동태 문장으로, 숨겨진 주어는 하나님이다. 하나님께서 친히 게바를 정죄하셨다는 말이다. 바울은 왜 이런 말을 했을까? '예수님의 수제자로 유명한 게바마저도 복음의 진리에 따라 걷지 않으면 하나님께 즉시 정죄받는데 하물며 이방인 신자들이야 말해 무엇하랴'는 메시지이다. 바울은 갈라디아 청중의 두려움을 자극하는 설득기술을 사용하고 있다. 여기에서 그는 안디옥 사건을 갈라디아인에게 들려주면서 복음의 진리, 즉 할례를 강요받지 않는 이방인 신자의 자유(2:3-5)를 재진술하고 있다. 유대인 신자가 이방인 신자와 함께한 식사자리에서 물러날 이유는 없다. 모두 그리스도 안에서 동등한 하나님의 자녀이다. 안디옥 사건 회상은 단순히 옛날이야기를 들려주는 것이 아니다. 이는 갈라디아 신자를 설득하는 기능을 한다.

안디옥 사건에서 읽어 낼 수 있는 "복음의 진리"라는 표현이 지닌 의미는 무엇인가? 이방인 예수 따르미가 굳이 할례를 받지 않아도 유대인 예수 따르미와 전혀 다를 바 없이 주님 앞에서 (제의적으로) 정결하고 의로운 백성이라는 말이다. 하나님께서 의롭다고 여기시는 것은 오로지 '그리스도를 믿음faith in Christ' 혹은 '그리스도의 신실함 faithfulness of Christ'에 달려 있다. (우리가 예수를 믿음으로 의롭게 여겨지는지, 아니면 예수께서 보이신 신실함으로 우리가 의롭게 되는지 그리스어 문장만으로 판단하기 어렵다. 이것이 유명한 '피스티스 크리스투(πίστις Χριστοῦ)' 논쟁이다. 이는 다음 장에서 논하겠다.) 같은 믿음 아래 유대인과 이방인의 차이는 없다. 이것이 복음의 진리다. 복음의 진리는 '마음에 믿음' 혹은 '신앙'이라는 형태로 간직하는 것에 머물러서는 안 된다. 그리스도인은 복음의 진리에 따라 걸어야 한다(2:14). 바울은 예루살렘에서 거짓 형제들에 맞서며 복음의 진리를 지켰고, 안디옥에서 게바에 맞서 예수 숭배자는 복음의 진리에 자신을 정향시켜 **바르게** 걸어야 한다고 말했다. 여기에서

'걷는다'는 표현은 살아 내고 행동한다는 의미이다. '바르게 걷다'는 그리스어로 '오르토포데오(ὀρθοποδέω)'이다. 흔히 정통주의로 번역되는 '*ortho*doxy'라는 단어는 직역하면 '바른 견해'이다. 바른 견해는 바른 걸음과 분리될 수 없다. 복음의 진리는 행동으로 표현되어야 한다. 여기에서 바울은 갈라디아서의 핵심 논증이 들어 있는 5:6-7의 내용을 암시하고 있다.

> 왜냐하면 그리스도 예수 안에서는 할례도 힘이 없고 무할례도 힘이 없습니다. 오히려 사랑을 통해 [스스로를] 구체적으로 표현하는 믿음이 [힘이 있습니다]. 여러분은 잘 달리고 있었는데, 누가 여러분이 진리에 순종하는 것을 방해했습니까?(5:6-7)

믿음은 사랑을 통해 구현되어야 하며, (복음의) 진리는 순종의 대상이다. 이것이 갈라디아서의 나머지 부분에서 바울이 공들여 논증하고 강조하는 명제이다. 하나님은 믿음으로 우리를 의롭다 여기신다. 믿음 외에 그 어떤 것도 가치 있다고 여기지 않으신다. 따라서 출신과 관계없이 모든 예수 따르미는 하나님 앞에서 동등한 신분을 가진다. 신자의 믿음은 이미 '그리스도-사건'을 통해 변화를 받은 사람이 밖으로 풍기는 모습이다. 다음 장에서 좀 더 자세히 논하겠지만 칭의는 새로운 정체성을 가지고 그리스도의 모습으로 변하고 있는 인간을 하나님께서 인정하시는 것이다. 우리의 믿음은 바른 행동으로 표현되어야 한다. 아니, 표현될 수밖에 없다. 이러한 신념으로 삶을 살아가는 것이 복음의 진리에 순종하는 것이다. 복음은 순종을 요구한다.

갈라디아서 2장
후반부

그리스도-사건의 효과:
이신칭의와 그리스도와 연합함

2:14 하반절에는 바울이 게바를 질책한 말이 직접적으로 인용되어 있다. 그런데 15-21절은 바울이 게바에게 하는 말이 이어지고 있는 것인지, 아니면 매끄럽게 오버랩되면서 그 대상을 갈라디아인에게로 옮겨 가고 있는 것인지 자신 있게 판별하기 어렵다.[1] 우리는 안디옥 사건 회상이 갈라디아 신자들을 설득하기 위한 것임을 이미 보았다. 이로 미루어 보아 2:15-21의 내용이 어떤 대상을 향하고 있는지 명확하지 않더라도 여전히 바울이 염두에 둔 궁극적 대상은 갈라디아인이라고 할 수 있다.

이번 장에서 다룰 부분은 지난 이천 년 동안 갈라디아서 해석사에서 가장 큰 주목을 받았던 구절로 가득 차 있

1 이 측면은 나뿐만 아니라 많은 학자에게 관찰되었다. 대표적으로, J. Louis Martyn, *Galatians: A New Translation with Introduction and Commentary* (Anchor Bible 33A; New York: Doubleday, 1997), 230, "almost imperceptible transition." 개역개정은 14절에서 게바를 질책하는 말이 끝난 것처럼 번역했으나 원문을 보면 직접 인용이 끝나는 지점을 집어 말하기 어렵다.

다. 그 유명한 '이신칭의'가 처음 천명되는 곳이니 그럴 만도 하다. 얼른 각 구절을 명징하게 해석하고 이해하고 싶지만, 안타깝게도 하나같이 아주 압축된 문장인 데다가, 은유적 표현과 함께 중요한 신학개념이 별다른 설명 없이 등장하고, 전치사의 의미가 워낙 다양하게 해석될 여지가 있어 쉽게 다가가기 어렵다. 어쩔 수 없이 학계의 복잡한 논의를 소개해야 할 텐데, 그 논쟁의 이슈와 제안들을 억지로 간략하게 만들지 않으면서도 적절한 선에서 반영해 가며 가능한 한 쉽게 설명해 보려 한다.

2:15

바울은 이방인 신자가 들으면 불쾌할 수도 있는 말로 시작한다. "우리는 태생상 유대인이고 이방인들에게 속한 죄인이 아닙니다"(2:15). 이방인을 바라보는 유대인의 전형적 시각이다. 이방인은 모두 죄인인데, 그 이유는 유대인이 아니기 때문이다. 조금 더 자세히 말하면, 유대인은 바른 삶을 영위하기 위한 지침이 되는 율법을 하나님께 받았으나 이방인은 율법을 소유하지 못했으므로 자연스레 죄인일 수밖에 없다는 논리이다. 여기까지는 유대인 출신 예수 따르미나 평범한 유대인 모두 동의하는 내용이다. 그러나 16절부터 그리스도를 믿지 않는 유대인의 귀에 충격적으로 들릴 주장이 시작된다.

2:16

[16]예수 그리스도의 피스티스(πίστις Ἰησοῦ Χριστοῦ)를 통해서(διά)가 아니라면(ἐὰν μή), 율법의 행위들(ἔργα νόμου)로부터 사람이 의롭다고 여겨지지 않는다(οὐ δικαιοῦται)는 것을 [우리가] 알고서(εἰδότες), 우리가 율법의 행위들을 통해서가 아니라 그리스도의 피스티스로 의롭다고 여겨지기 위해 우리 또한 그리스도 예수에게 신뢰를 두었는데, 왜냐하면 율법의 행위들로부터는 어떤 육신도 의롭다고 여겨질 수 없을 것이기 때문입니다.

그 유명한 '이신칭의'가 역사상 처음 등장한 구절이다. 길지만 한 문장이다. 그리스어 본문을 가능한 한 직역했으나 한 단어 '피스티스(πίστις)'는 번역하지 않고 그대로 두었다. 처음 보는 글처럼 읽어 보면 어떤 느낌이 드는가? 가장 먼저 드는 인상은 문장 안에 반복되는 문구가 불필요하다고 여겨질 만큼 많다는 것이다. "의롭다고 여겨지다",

"그리스도의 피스티스", 그리고 "율법의 행위들"이라는 표현이 특히 반복되는 것을 볼 수 있다. 예나 지금이나 같은 문구를 한 문장에 반복해서 쓰는 것은 준수하게 글을 쓰려는 사람이 피해야 할 사항이다. 그럼에도 불구하고 바울이 이렇게 쓴 데는 이유가 있을 것이다. 강조하고 싶었기 때문이다. 그가 강조하고 싶은 내용은 무엇인가?

16절은 'εἰδότες(알고 있으므로)'라는 분사로 시작한다. 우리는 질문을 던질 수밖에 없다. '누가' '무엇'을 안다는 말인가? 이미 위의 사역私譯이 제시하듯 문맥을 통해 자연스레 추정하자면, 여기에서 "알고 있는" 주체는 일차적으로 "우리" 즉 게바와 바울 자신을 포함한 유대인 출신 그리스도인을 가리키는 것 같다.[2] 다시 말해, 바울뿐만 아니라 '할례자'를 위한 사도인 게바 역시 2:16에서 천명된 '믿음으로 의롭게 여겨짐'이라는 핵심 사항을 알고 동의하고 있다는 말이다. 결론적으로 게바가 "율법의 행위들이 아니라 믿음으로 의롭게 여겨짐"을 알면서도 그에 반하는 행동을 안디옥에서 했고, 바울은 2:13에서 게바의 이러한 행

2 하지만 동시에 16절에서 '인간(ἄνθρωπος)'이라는 단어를 사용해 넌지시 갈라디아 청중도 포함한 것 같다.

동을 위선으로 규정했다. 여기에서 위선이란 단어는 연극 배우처럼 실제 자신과는 다른 인물을 연기하듯 행동하는 것을 가리킨다.

게바를 향한 이 같은 비난은 갈라디아인 공동체를 흔들어 놓은 바울의 대적자들(5:9)에게 고스란히 적용된다. "할례를 받는 이들 자신은 율법을 지키지 않으면서도 여러분이 할례받기를 원합니다"(6:13). 안디옥 사건 회상이 궁극적으로 갈라디아 신자의 마음과 판단에 영향을 주기 위해서라는 우리의 관찰이 여기에서 재차 확인된다.

무엇보다도 2:16은 바울이 안디옥 사건에서 게바에게 화를 내며 그를 꾸짖던 내용의 연장선에 있으며, 3:1에서 갈라디아인들의 어리석음을 일갈하는 바울의 한탄 사이에 자리잡고 있다는 사실을 놓치지 말아야 한다. 이러한 논쟁적 정황 때문에 한 문장 안에 불필요할 정도의 반복이 나타나는 것일 수 있다. 2:16부터 3장 내내 '피스티스'와 '율법의 행위들'이 대조된다. 이러한 긴 논증의 시발점은 유대인 신자와 이방인 신자의 식탁교제 문제로 불거진 안디옥 사건, 그리고 더 거슬러서 예루살렘 방문 때 벌어졌던 이방인 신자의 할례 문제에 있다. 다시 말해, 후대에 이신칭의 교리the doctrine of Justification by Faith, *Rechtfertigungslehre*로 유명하게 된 바울의 언설(2:16)이 원래 유대인 신자와 이방인 신자의 공동체 내 지위 문제 및 이방인 신자의 유대 율법 준수 문제에서 비롯되었다는 사실에 주목하는 것이 매우 중요하다.

문제의 본질은 율법 준수를 통해 또는 선행을 쌓아 구원을 받는다는 소위 '행위구원론'을 논박하는 데 있지 않다. 2:16은 믿음과 행위의 대조에 관심을 두고 있지 않다. 이것은 바울이, 이방인 신자가 유대인의 삶의 방식을 그대로 따라 살아야 진정한 아브라함의 자손이자 하나님의 백성이 된다고 주장했던 일부 유대인 신자의 신념을 철저하게 부수는 장면이다. '율법의 행위들'로 사람이 의롭다 여겨지지 않는다는 주장의 핵심은 하나님께서 오직 하나, '그리스도의 피스티스'만을 중요하게 보신다는 것이다.

이미 40년 전 E. P. 샌더스E. P. Sanders는 고대 유다이즘이 율법 준수를 통해 구원을 얻는 종교체계가 아니었다는 사실을 매우 강력한 증거와 논증을 통해 밝혀냈다.[3] 이스라엘 민족이 어떤 행위를 하기도 전에 하나님께서는 그들을 당신의 백성으로 선택하셨다. 하나님의 선행先行하시는

3 E. P. Sanders, *Paul and Palestinian Judaism* (London: SCM, 1977).

은혜가 이스라엘의 존립과 정체성의 토대였다. 고대 유다이즘은 개신교와 크게 다를 바 없는 신적 은혜에 기반을 두었고, 유대인들은 하나님의 은혜를 두고두고 강조했다.

샌더스는 유다이즘의 기본적 토대 혹은 전제를 '언약적 율법주의covenantal nomism'라는 패턴으로 설명했다. 언약적 율법주의를 간략히 설명하자면 다음과 같다. 하나님께서 선행하시는 은혜로 이스라엘을 택하셨고, 당신의 백성답게 살라는 지침으로 율법을 주셨다. 이스라엘은 하나님의 선택에 대한 감사의 반응으로 율법을 지켰고, 율법을 지킴으로써 언약백성의 지위를 유지했다. 여기서 중요한 점은 율법 준수는 하나님의 택하심을 얻어 내는 수단이 아니라는 것이다.[4] 이는 창세기와 출애굽기만 보아도 쉽게 알 수 있는 것인데, 아우구스티누스와 마르틴 루터의 영향으로 갈라디아서 2:16은 오랫동안 마치 바울이 유대 율법 준수 등 인간이 구원을 얻기 위해 행하는 일체의 노력을 논박하는 것처럼 오해되었다. '율법의 행위들'은 인간의 자력 구원의 시도나 율법의 완벽한 준수를 통해 구원을 얻으려는 행위를 가리키는 것이 아니다. 율법을 핵심으로 두

4 Sanders, *Paul and Palestinian Judaism*, 75, 420.

는 유대인의 삶의 방식을 받아들이고 율법의 가치를 존중하며 그에 따라 사는 것을 말한다. '율법의 행위들'은 유대인의 남다른 정체성에 관련된 행위, 특히 할례, 안식일 준수, 그리고 음식 규정 준수에서 두드러지게 나타난다.

'율법의 행위들(ἔργα νόμου)'이라는 표현이 정확히 무엇을 말하는가에 대해 1977년 샌더스의 책 출간 이래 뜨거운 학적 논의가 있었고, 현재에도 논쟁은 사그라들 기미가 보이지 않는다. 하지만 이 표현이 율법공로주의나 행위구원론과 아무 관계가 없다는 것에 일부 보수계열 학자 외에는 전반적으로 동의한다. 위 단락에서 제시한 해석은 흔히 '바울에 관한 새 관점'으로 일컬어지는 학자들의 의견에 가깝지만, '율법의 행위들'을 "유대 정체성의 경계를 짓는 표시"라고 하는 해석에 내가 전적으로 동의하는 것은 아니다. (이 문제에 대한 내 견해는 앞으로 이어지는 장에서 뚜렷하게 밝히려 한다.)

'에르가 노무(ἔργα νόμου)'를 영어권에서는 'works of the law'로 번역하는데, 이러한 번역이 종종 '행위와 믿음 work vs. faith'이라는 잘못된 대조로 이어지고, 나아가 문제가 많은 유다이즘 이해의 기초로 작용해 왔기 때문에 더 나은 번역이 필요하다는 공감대가 학계에서 형성되었다. '에르가 노무'에 대해 최근에 학자들이 제시한 새로운 번역 몇 가지를 간략히 소개해 본다. 어떤 학자는 '에르가 노무'를 '율법 규정들rules/regulations of the law, *die Regelungen des Gesetzes*'로 번역하며 인간의 행위가 아니라 율법의 규율들을 일컫는 표현이라는 점을 강조한다.[5] 바울의 이신칭의 가르침이 오로지 이방인에게만 적용된다고 주장하는 일군의 학자들은 이 문구를 '할례로 완성되는 개종 의례proselyte rites'로 이해한다.[6] 또 율법이 규정한 윤리지침을 제외한, '율법에 부합하는 의례적 행동ritual/cultic deeds'[7]이라고 해석하

---

5 Michael Bachmann의 해석이다. "Was für Praktiken? Zur jüngsten Diskussion um die ἔργα νόμου," *New Testament Studies* 55 (2009): 35-54; *Anti-Judaism in Galatians? Exegetical Studies on a Polemical Letter and on Paul's Theology*, trans. R.L. Brawley (Grand Rapids, Eerdmans, 2009); "Keil oder Mikroskop? Zur jüngeren Diskussion um den Ausdruck '"Werke" des Geseztes'," in *Lutherische und Neue Paulusperspektive Beiträge zu einem Schlüsselproblem der gegenwärtigen exegetischen Diskussion*, ed. Michael Bachmann (WUNT 182; Tübingen: Mohr Siebeck, 2005), 69-134.

6 Mark D. Nanos가 이러한 입장을 개진하는 대표적 학자이다. 소논문과 저작이 매우 많아 여기에 서지목록을 다 옮길 수 없지만, 대표적인 논문들은 그의 홈페이지에서 찾아볼 수 있다. https://marknanos.com.

7 예를 들어 Klaus Haacker, *The Theology of Paul's Letter to the Romans* (Cambridge/New York: Cambridge University Press, 2003), 113; Haacker, *Der Brief des Paulus an die Römer* (ThHK 6; Leipzig: Evangelische Verlagsanstalt, 2002), 84 ["vom Gesetz vorgeschriebenen (spezifisch

며 '에르가 노무'의 의미에 제한을 두려는 이도 있다. '에르가 노무(ἔργα νόμου)'에서 율법에 해당하는 단어 '노모스(νόμος)'에 정관사가 없음을 근거로 유대 율법을 포함한 보편적 법과 규율에 부합하는 행동들이라고 이해하는 역사비평적 주석가도 있는가 하면,[8] 이를 더 확대해서 바울이 모든 종류의 법체계를 비판하고 있다고 해석하는 현대 철학자들도 있다.[9] 또 '율법의 행위들'을 인간의 가치 체계 value system의 하위 범주로 이해하려는 연구가도 있다.[10] 나는 '에르가 노무'를 '토라로 규정되는 삶의 방식'이라고 해석하는 게 자연스럽다고 생각한다.

그렇다면 마치 '율법의 행위들'의 대립항처럼 제시되는 "그리스도의 피스티스"라는 표현은 무엇을 의미하는가? 먼저 '피스티스(πίστις)'의 뜻을 살펴보자. 그리스도인

---

jüdischen kultischen) Handlungen[율법으로 제정된 (특히 유대 제의와 관련된) 행위들"].

8 Robert Jewett, *Romans: A Commentary* (Hermeneia; Minneapolis: Fortress, 2007).

9 현대철학자의 바울 전유(appropriation)는 다음의 책을 참고하면 도움을 얻을 수 있을 것이다. 김성민, 《바울과 현대철학: 바울은 동시대에 대해 무엇을 말하는가》(서울: 새물결플러스, 2018).

10 John M. G. Barclay, *Paul and the Gift* (Grand Rapids: Eerdmanns, 2015).

은 이 그리스어 단어를 거의 예외 없이 '믿음'이라고 번역한다. 하지만 그리스어 사전에서 해당 항목을 찾아보면 이 단어는 신뢰를 주는 것, 신실함, 신뢰, 충성, 증명, 믿음, 보증, 정직 등 무척 다양한 뜻으로 사용된다.[11] 특정 명제나 사실에 대한 인지적 동의로서 '믿음belief'보다는 관계성 형성의 바탕이 되는 '신뢰'와 '신실함'이라는 뜻으로 더 자주 사용되었다.[12] 물론 논리적으로 볼 때 인지적 동의와 신뢰 사이를 칼같이 구분할 수는 없다. "그리스도의 피스티스"라는 문구에서 '그리스도의'에 해당하는 그리스어는 영어로 'of Christ'로, '**πίστις** Ἰησοῦ **Χριστοῦ**'를 '예수 그리스도의 신실함' 혹은 '예수 그리스도에 대한 신뢰/충성'으로 직역할 수 있다. 문제는 이 'of'를 어떻게 해석하느냐에 있다. 'Love of God'이라는 표현은 하나님의 사랑, 즉 **하나님이** 보여 주신 사랑이라는 의미도 될 수 있고 '**하나님을** 사랑함'이라는 뜻이 될 수도 있다. 마찬가지로 "그리스도

11 BDAG와 LSJ lexicon에서 πίστις항목을 찾아보라.

12 '피스티스'의 인지적 측면을 강조하는 대표적 학자로는 Michael Wolter가 있다. Michael Wolter, *Paulus: Ein Grundriss seiner Theologie* (Neukirchen-Vluyn: Neukirchener, 2011), 72-96. 그의 표현을 참고하라. "Der Glaube als Wirklichkeitsgewissheit(실재에 대한 확신으로서의 신앙)."

의 피스티스"는 '**그리스도의** 신실함'이라는 뜻일 수도 있고 '**그리스도를** 믿음'이라는 뜻도 가능하다. 이 같은 문법적 논증에 더해, 위에서 말했던 2:16의 지나친 중복적 표현이 부자연스럽다고 느낀 일군의 학자들은 전통적 번역인 '그리스도를 믿음faith in Christ' 대신 '예수께서 죽기까지 하나님의 뜻에 순종하며 보여 주신 신실함Christ's faithfulness'이 더 나은 번역이라고 주장한다. 북미권 학자 중 이런 주장에 동의하는 사람이 많고, 독어권 연구자들은 대체로 전통적 번역을 따른다.

사소한 문법 사항에 대한 과도한 다툼 같지만, 이 논쟁이 칭의론의 이해에 끼치는 영향은 어마어마하다. 우리의 '칭의'는 **우리가** 그리스도를 믿는 것에 기반하는가, 아니면 우리의 인지적 동의(믿음)와는 상관없이 **그리스도의 신실함**에 기반하는가? 이것이 신약학계에 널리 알려진 '피스티스 크리스투(πίστις Χριστοῦ)' 논쟁이다. 지면의 제한으로 이 논쟁의 전모를 충실하게 요약할 수는 없다.[13] 다

13 자세한 논의는 리처드 헤이스, 《그리스도의 믿음: 갈라디아서 3:1-4:11의 내러티브 하부구조》(평택: 에클레시아북스, 2013) "부록"에 실린 제임스 던과 리처드 헤이스의 논쟁을 참고하는 것이 좋다.

만 두 가지 해석 다 일리가 있고, 동시에 부자연스러운 측면도 있다는 것만 말하겠다. 인간이 '그리스도를 믿음faith in Christ'에서 문제는 정확히 '무엇'을 믿는 것인지 이 짧은 어구가 제대로 표현하지 못한다는 것이다. 그리스도를 통한 하나님의 구원 사역, 즉 '그리스도 사건the Christ-event'이 사실임을 인지적으로 동의하는 것으로 봐야 하는 게 자연스럽지만, 어쨌든 '그리스도를 믿음faith in Christ'이라는 표현 자체는 비어 있는 기표이다. 한편 '그리스도의 신실함'으로 해석하는 학자들의 내심에는 믿음을 인간의 행위로 보는 것을 경계하는 지나친 신학적 염려theological anxiety가 있어 보인다. '행위'라는 단어에 대해 그들이 보이는 알러지 반응이 역사적으로 견실한 주해를 간섭해서는 안 된다. '피스티스'는 어떤 조건을 만족시키기 위한 인간의 행위가 아니다. 이미 하나님의 구원행위의 선행성으로 인해 발생된 결과로 보아야 한다.[14]

---

14 톰 라이트, 《로마서 주석 (NIB 주석)》(장용량, 최현만 옮김, 평택: 에클레시아북스 2014), 132에 의하면, 믿음이란 "하나님의 자비에 자신을 맡기는 자기-내려놓음, 그리고 역설적이게도, 하나님을 경외하고, 죽은 자를 살리시는 하나님의 능력을 믿고, 그 결과로 참 하나님을 참되게 예배하고, 하나님의 형상을 따른 참 인간으로 재창조되는 참-인간됨"이다.
J. Barclay, *Paul and Gift*, 380, "What Paul is discussing in 2:16

나는 '그리스도를 신뢰하고 그에게 충성함'이라고 해석하는 것이 가장 좋다고 생각한다. 로마서 1:5에 등장하는 "믿음의 순종"이라는 표현만 보아도 그렇다. 여기에서 "믿음의 순종"은 '믿음, 곧 순종'이라고 번역하는 것이 가장 자연스럽다. 한편, 갈라디아서 2:16을 뒤잇는 문단에서 그리스도의 죽음과 의로움을 연결하면서 죽고 사는 것에 대해 논하므로 '피스티스'를 그리스도의 신실한 죽음으로 보는 것도 일리가 있다. 문제를 복잡하게 만드는 요소가 하나 더 있다. 바울은 갈라디아서 3:23에서 "그 믿음이 오기 전(πρὸ τοῦ δὲ ἐλθεῖν τὴν πίστιν)"이라는 표현을 써서 '예수=피스티스'라는 등식을 제시한다. 이러한 면을 고려하면 '예수의 피스티스'는 동어반복 같은 표현으로, 피스티

are not complete soteriological systems, but the evidential basis on which God can consider someone "righteous" (or worthy) in his sight. "Christ-faith" (or "faith in Christ") is the sign of a prior, transformative event; it is the mode of life generated by the self-gift of Christ." ["바울이 2:16에서 거론하고 있는 것은 완전한 구원론 체계가 아니라 하나님이 어떤 사람을 '의롭다'고(또는 가치 있다고) 여기실 수 있는지, 그 증거가 되는 기초다. '그리스도-믿음'(또는 그리스도를 믿는 믿음)은 우선적, 변혁적 사건에 대한 표지다. 다시 말해 이는 그리스도께서 자기 자신을 선물로 주심으로써 시작된 삶의 방식을 의미한다(2:20)." 존 바클레이, 《바울과 선물》(송일 옮김, 서울: 새물결플러스, 2019), 643.]

스를 통해 드러난 예수 자신의 정체성(신뢰할 만한 분)과 사역(하나님의 뜻에 죽기까지 순종함)으로 해석할 수 있다.

결국, 우리는 그리스도인이 어떻게 의롭다고 여겨지는지 바울의 본문을 통해서는 확실히 알 길이 없다. 이는 경험적으로도 확인된다. 어떤 이는 복음집회에서 스스로 결신하여 그리스도인이 되었다고 하고, 어떤 이는 의지와 상관없이 '믿어져서' 신자가 되었다고 고백한다. 어떤 과정을 거쳐 그리스도인이 되는지 사실 우리는 모른다. 그러나 이 말은 꼭 하고 싶다. 우리는 이신칭의 교리를 믿어서가 **아니라** '예수 그리스도의 피스티스'로 인해 의롭다고 여겨지는 것이라고.[15] 2:16에서 바울이 반복해서 "율법의 행위들을 통해서가 **아니라**"고 강조하는 모습에서 우리는 '그리스도의 피스티스'를 제외한 그 어떤 것도 우리의 칭의와 관련 없음을 명석판명하게 깨달아야 한다. 기독교 역사를 통해 등장한 여러 신조와 고백이 있고 이를 금과옥조처럼 여기는 사람이 적지 않다. 성경의 권위에 대해서도 다양한 의견과 '믿음'이 있다. 그러나 엄밀히 말해 이러한 것들은

15 이 표현은 톰 라이트가 누군가에게 들었다며 그의 책에 쓴 것인데 안타깝게도 정확한 출처를 찾을 수 없다.

우리의 칭의와 별 상관이 없다. 특정한 신앙 전통 안에 있는 사람들이 공유하는 고백이자 울타리일 뿐이다. '그리스도의 피스티스'만이 중요하다.

'피스티스'에 대해 소개하고 싶은 해석이 하나 더 있다. 최근 옥스포드대 서양고전학과 교수인 모건Teresa Morgan이 설득력 있게 논증했듯이 '피스티스'라는 단어는 기본적으로 관계를 가리킨다는 것이다. '피스티스'는 능동(신뢰함)과 수동(신뢰를 받음)의 의미를 다 가질 수 있다. 이것이 초기 그리스도인에게 어떻게 사용되었는지 살펴보는 것은 흥미롭다. '피스티스'는 인간이 하나님에게 보이는 신뢰, 그리고 하나님이 인간에게 보여 주신 신실함을 동시에 표현한다. 더 자세히 말하자면, "그리스도는 하나님께 신실한 분이자 하나님의 신뢰를 얻기 충분하신 분이며, 인류가 신뢰할 만한 분으로서 '신뢰하는 자들(믿는 이들)을 의로움으로 이끄시는 분'"이라고 할 수 있다.[16]

---

16 Teresa Morgan, *Roman Faith and Christian Faith: Pistis and Fides in the Early Roman Empire and Early Churches* (Oxford: Oxford University Press, 2015). (주로) 독어권 학계에서 피스티스에 대해 집중적으로 논한 책은, *Glaube: Das Verständnis des Glaubens im frühen Christentum und in seiner jüdischen und hellenistisch-römischen Umwelt*, eds. Jörg Frey and Benjamin Schliesser (WUNT 373;

마지막으로 그리스도를 믿고 신뢰한다고 어떻게 과거의 십자가 사건이 시간을 초월해서 현재의 '나'에게 구원이라는 효과를 가져다주는가도 질문의 대상이다.[17] 이에 대해 나를 포함해 어떤 학자도 제대로 대답하지 못할 것이다. 바울이 명확히 말하지 않기 때문이다.

이제 위에서 '의롭다고 여겨지다'로 번역한 동사 '디카이우타이(δικαιοῦται)'를 학자들이 어떻게 연구했는지 살펴보자.[18] 칭의는 과연 무엇을 지칭하는 것인가? 알트하우스Althaus의 루터Luther 해석에 따르면, "하나님은 인간에게 믿음(신앙)을 주심으로써" 인간을 의롭게 한다. 그리스도는 우리의 믿음의 대상이기도 하지만 믿음을 통하여 우리 안에 현존하시는 분이고, 따라서 우리가 우리 안에 계신 그리스도를 붙잡음으로써 그리스도의 의가 나의 의가 된다는 논리이다.[19]

Tübingen: Mohr Siebeck, 2017).

17 이 질문은 Michael Wolter도 제기했다. M. Wolter, *Paulus*, 110.

18 칭의의 의미를 다룬 이 부분은 〈묵상과 설교〉에 기고한 나의 글("바울의 칭의론 15분 안에 톺아보기")에서 발췌했다. 허락해 주신 박대영 목사님께 감사드린다.

19 파울 알트하우스, 《루터의 신학》(이형기 옮김, 고양: 크리스챤 다이제스트, 1994), 255 참조. "루터는 '의롭게 하다(justificare)'와 '칭의(justificatio)'라

이와 같은 고전적 칭의론에 대해 현대 신약학자들은 몇 가지 문제점을 제기했다. 기본적으로 헬라어 동사 '디카이우타이(δικαιοῦται)'는 '바르고 적절한 관계에 있다고 인정되다recognized/선언된다declared'라는 의미를 지닌다.[20] 다시 말해 법정적이고 선언적인 의미를 담고 있는 동사이다. 일부 학자들은 '바로잡히다rectified'나 '의롭게 함을 받다being made righteous'라고 해석하지만, 이는 해당 동사의 일반적 용례에서 벗어난다. 앞으로 다시 살펴볼 기회가 있을 텐데, 칭의, 성화, 구원, 구속, 화해 등은 '그리스도-사건the Christ-event'이 가져온 효과에 대한 다양한 표현으로 보는 것이 좋다.[21] 바울은 의로움, 성화, 구원 등에 대해 말할 때 과거시제와 현재시제, 미래시제를 섞어 쓴다. 그렇기 때문에 '구원의 여정*ordo salutis*'처럼 명확한 단계로 그의 역동적인 사고를 도식화하는 것은 바람직하지 못하다. 또한 '의의 전가'라는 종교개혁자들의 주요 개념은 사실상 바울 서신에 나타나지 않는다.

는 용어를 한 가지 이상의 의미로 사용한다." *LW* 26:129-30 참고.

20 John M. G. Barclay, *Paul and the Gift*, 375.

21 조셉 A. 피츠마이어, 《앵커바이블 로마서》(김병모 옮김, 서울: CLC, 2015), 184-191.

현대 신약학자들이 제시한 주요 해석을 간단히 살펴보는 것도 좋을 것 같다.

- 의로움(칭의)은 구원/생명의 전제이자 조건이다(Rudolf Bultmann).[22]
- δικαιοῦσθαι는 선언적 의미가 있으며('의롭다고 선포되다') 동시에 무죄방면이라는 의미를 포함한다(Douglas Moo).[23]
- '의롭다'는 그리스도와 연합함으로써 (이미) 변화를 받은 사람을 하나님께서 알아보시고recognize 의롭다고 간주하신다, 즉 구원을 받기에 적합한 상태라는 의미이다(John M. G. Barclay).[24]
- '바로잡혔음rectified'으로 번역하는 게 좋다(J. Louis Martyn).[25]

---

22 Rudolf Bultmann, *The Theology of the New Testament* (New York: Scribner's Son, 1951), 1.270. 불트만은 때로 칭의를 구원의 정수로 간주한다(1:271).

23 Douglas Moo, *The Epistle to the Romans* (NICNT; Grand Rapids: Eerdmanns, 1996), 227.

24 Barclay, *Paul and the Gift*, 376.

25 J. Louis Martyn, *Galatians*, 263-277.

- 칭의는 믿음이라는 명찰을 단, 새롭게 구성된 '하나님의 백성'이라는 그룹에 속함을 의미하는 것이다(N. T. Wright).[26]
- 동사 '디카이오오(δικαιόω)'는 '의롭게 만들다'와 '의롭다고 여기다'라는 의미를 다 함께 내포하고 있다.[27] "히브리적 사고에서 '의'는 좀 더 관계적 개념"에 가깝다. 좀 더 자세히 말하자면 "자기가 속해 있는 관계에 의해서 그 개인에게 부과된 의무들의 충족으로서의 '의'"[28]를 말한다(James D. G. Dunn).

이 단어의 의미를 지나치게 확정하려는 노력보다는 '하나님께서 바르다고 여기시어 인간과 하나님 사이의 관계에 문제없음'으로 유연하게 이해하는 것이 좋다는 게 종합적인 내 판단이다.

---

26 톰 라이트, 《톰 라이트, 칭의를 말하다》 개정판 (최현만 옮김, 평택: 에클레시아북스, 2016), 188.

27 제임스 던, 《바울신학》 (박문재 옮김, 고양: 크리스챤 다이제스트, 2003), 478.

28 위의 책, 474.

2:17-18

이 두 절은 조건문이다. 여기에서 조건문은 잘못된 전제를 받아들였을 때 얼마나 이상한 결론이 도출되는가를 보여 주기 위해 사용되었다. 아마도 2:16의 핵심 주장을 오독할지도 모를 갈라디아 교인들을 염두에 두고 쓴 것 같다. 그리스도 안에서만 의롭다고 여김을 받으려 하면서 '율법의 행위들'을 등한시하면 유대인이 보기에 '율법을 가지고 있지 않은 (개종 전) 이방인 죄인'과 같은 모습이 되고, 유대인의 눈에 결국 그리스도는 인간을 죄인이 되게 만드는 분이라는 결론에 이르게 되는데, 바울은 이러한 논리 자체가 얼마나 어리석은가를 폭로하고 있다.

2:19-20

매우 감동적인 고백이 담겨 있는 문단이지만 그 뜻을 풀이하기가 만만치 않다. 우선 19절에서 '하나님에 대해 살기 위해 율법을 통해 율법에 관한 한 죽었다'고 하는 표현은 유대인의 입에서 도무지 나올 수 없는 말이다. 율법은 하나님께서 자비롭게 주신 최고의 선물이기 때문이다. 하나님과 율법은 사실상 불가분의 관계에 있는데 바울은 여기에서 그 둘을 억지로 떼어 내고 있다. 하지만 이러한 대담한 주장을 하는 근거를 명확히 밝히고 있지 않다. 이 문장을 명쾌히 해석하기가 불가능하다고 인정할 수밖에 없는 이유이다. 이어서 바울은 그리스도와 함께 자기가 십자가형을 당했다고 말한다. 신비체험을 말하는 것인지 은유적으로 표현하는 것인지 알 길이 없다.

20절도 마찬가지로 난해하다. 바울 자신이 사는 삶은 사실상 그리스도가 바울 안에서 삶을 영위하고 계신 것이라고 말한다. 무슨 말일까? 아마도 앞에서 말한, 그리스도와 함께 십자가형을 당한 채로 살아가는 삶을 좀 더 풀어 말한 것 같다. 여기에서 그리스도의 사역에 대한 서술은 1:4에서 '그리스도-사건'을 묘사한 것과 대동소이하다. '그리스도는 나를 위해 **자신을 내어 주신** 하나님의 아들이고 나는 그러한 분에 신뢰를 두고 이 땅에서 살아가고 있다'고 바울은 말한다. 좀 더 넓은 맥락에서 보자면, 하나님께서 바울 '안에' 그리스도를 계시하셨고, 신자들은 그 안에 그리스도를 모시고 살기 때문에(4:19), 기본적으로 그리스도인의 삶은 그리스도와 **실제** 연합된 채로 살아가는 것이라고 말하고 있는 것 같다.

그렇다면, 그리스도와 연합Union with Christ, Participation in Christ은 정확히 무엇을 의미하는가? 이 질문 역시 답하기 쉽지 않고 긴 설명이 필요하다. 여러 답안 중에서 헤이즈Richard Hays와 스타워즈Stanley Stowers의 글이 가장 흥미롭고 정보량이 많으므로 그들의 주장을 소개하겠다. 헤이즈는 '그리스도에 참여함'을 네 개의 범주로 설명한다. 첫째, 그리스도를 '주인'으로 모신 대가족의 일원이 되는 것, 둘째, 그리스도의 주권 아래 하나님을 대적하는 세력에 맞서는 군대의 일원이 되는 것, 셋째, 그리스도의 몸인 교회(에클레시아)에 참여하고 성례전과 예배를 통해 그리스도와 연합을 경험하는 것, 넷째, 그리스도의 사역, 죽음, 부활의 서사(내러티브)라는 상징적 세계에 참여하는 것을 의미한다. 스타워즈는 스토아 철학과 고대 의학에서 매우 중요하게 다루어진 프뉴마(πνεῦμα, 영, 숨)로 그리스도와 연합을 설명한다. 스토아 철학자들과 고대 의학자들은 프뉴마가 매우 작은 입자라서 모든 물질을 통과할 수 있고, 그 안에 (신적인) 창조적 힘을 가지고 있어 사람의 지성과 도덕성까지도 변화시키는 것으로 이해했다. 이러한 프뉴마가 사람의 몸을 뚫고 들어와 섞이는 것을 그리스어로 '크라시스(κρᾶσις)'라고 하는데, 이러한 크라시스가 그리스도와 연합을 잘 설명하는 모델이라고 제안했다.[29]

2:21

여기에서 바울은 다시 하나님의 은혜를 강조한다. 이전 장에서 말했듯이 고대의 은혜 개념은 현대와 달라서 받을 만한 가치가 있는 사람을 신중하게 골라 선물과 은혜를 베푸는 것을 바람직하게 여겼다. 그러나 하나님께서는 ('율법의 행위들'까지 포함해서) 인간이 만든 모든 가치를 무시하시고 오직 '피스티스'에 근거해 의롭게 여기신다고 바울이 말한 바 있다(2:16). 그렇다면 바울 자신이 하나님의 은혜를 무효화하지 않는다고 굳이 말한 이유는 무엇일까? 갈라디아인에게 할례를 받으라고 강요한 사람들과 그들을 따른 일부 갈라디아인들이 사실상 하나님의 은혜를 무효화하고 있다고 넌지시 에둘러 비판하는 것이다. 이러한 비판은 흑백논리에 근거한 단언assertion으로 끝을 맺는다. 의로움이 율법을 통해 오는 것이라면 그리스도의 죽음은 굳이 필요가 없는 것이라는 말이기 때문에 의로움이 율법과 관련될

---

29 Stanley K. Stowers, "What Is Pauline Participation in Christ," in *Redefining First Century Jewish and Christian Identities: Essays in Honor of Ed Parish Sanders*, eds. Fabian E. Udoh et al. (Notre Dame: University of Notre Dame Press, 2008), 352-371; Richard B. Hays, "What Is 'Real Participation in Christ'? A Dialogue with E. P. Sanders on Pauline Soteriology"(같은 책, 336-351).

수 없다는 논리이다. 이 구절만 보면 샌더스의 다음과 같은 설명은 이 핵심에 닿는 것 같다.[30] 하나님이 '예수를 믿음'이라는 단 하나의 수단으로 인류를 구원하시기로 작정하셨기 때문에 율법은 구원의 길이 될 수 없다. 다시 말해, 유다이즘이 지닌 흠결을 굳이 찾자면 유다이즘은 기독교가 아니라는 것이다. 즉, 바울의 눈에 보인 유다이즘의 유일한 흠결은 그 안에 예수가 없다는 것이다.[31] 자세한 논리 전개가 생략되어 있어서 현대인의 귀에 그다지 설득력 있게 들리지 않지만 바울은 빈번하게 이와 비슷한 흑백논리를 전개하곤 했다. 그의 단호한 흑백논리 역시 회색지대 따위는 없다는 것을 분명히 함으로써 갈라디아인을 설득하고 압박하는 역할을 한다. 이러한 극단적 대조는 갈라디아서 전반에 걸쳐 두루 등장한다(자유와 노예, 영과 육). 바울복음을 따르든지, 아니면 저주를 받든지, 두 가지 선택밖에 없다는 말이다. 바울의 진단에 따르면 잘못된 복음을 따른 갈라디아인은 지성이 제대로 작동하지 않는 상태['어

30 샌더스의 설명은 놀랍게도 수많은 오해를 자아내었고, 아이러니하게도 '바울에 관한 새 관점'은 이 설명에 대한 불만족에서 시작되었다.

31 Sanders, *Paul and Palestinian Judaism*, 552.

리석도다(ἀνόητος)']에 있다(3:1). 갈라디아 신자의 어리석게 된 지성은 사실 고대 저주 중의 하나인 '악한 눈evil-eye'의 영향을 받아 홀린 결과(βασκαίνω, bewitched)라고 바울은 3:1에서 말한다. 이에 더해서 복잡한 논증 후반부에 바울은 "누구든지 율법으로 의롭다고 여김을 받으려는 사람은 그리스도에게서 분리되었고 은혜에서 떨어져 나갔습니다"(5:4)라고 말한다. 칭의를 통해 그리스도와 연합되는 것이 복음이 가져다준 효과이자 혜택이라면, 율법을 통해 의롭다고 여김을 받으려는 사람은 이러한 혜택을 더 이상 누리지 못한다는 것이다. 그리스도와의 연합이 취소되었기 때문이다. 교리의 더께를 벗겨 내고 갈라디아서를 세밀하게 읽어야 바울의 주장이 신자에게 얼마나 큰 경각심을 주는지, 그리고 얼마나 위중한 무서움을 지녔는지 깨달을 수 있다.

갈라디아서 3장

'그리스도–사건'의 빛에서 바라본 율법의 가치

앞장에서 다소 길게 갈라디아서 2장 후반부를 설명했는데도 충분히 다루지 못한 항목이 있다. 바울은 왜 그토록 '율법의 행위들'을 반대했을까? 종교개혁 전통의 자장磁場 아래에 있는 현대 그리스도인에게는 이 질문이 그리 어렵지 않게 느껴지겠지만, 1세기 유대인의 관점에서는 답하기 어려웠을 것이다. 앞에서 확인했듯이 고대 유다이즘은 율법의 완전한 준수를 통해 '다가올 세상'에 들어갈 자격을 얻어 내는 종교체계가 아니라 개신교와 마찬가지로 선행先行하시는 하나님의 선택과 언약에 기반을 둔 '은혜의 종교'였다. 그러므로 '율법의 행위들'을 자력 구원을 위한 인간의 노력 일체로 확장해서 해석하는 전통은 바울이 실제 말한 바를 제대로 이해하기 위한 배경이 될 수 없다.

바울이 '율법의 행위들'을 비판한 이유를 당대의 역사와 문화적 배경에서 찾기 위한 노력의 일환이 '바울에 관한 새 관점'이다.[1] '새 관점'에도 다양한 결이 있지만 거칠게 설명하자면, 바울이 '율법의 행위들'을 비판한 것은 유대인 신자들이 지닌 유대민족 중심주의나 배타주의를 겨냥한 것으로서, 이방인 신자가 완전한 하나님의 백성이 되기 위해 유대인처럼 살아야 한다고 강요했던 사람들의 주장을 반박하기 위함이다.

그러나 '새 관점'에서 제시한 대답이 완전히 만족스럽지는 않다. 기존의 해석들은 '이방인 남성 예수 따르미는 할례받을 필요가 없다need not'는 주장과 '할례받으면 절대 안 된다must not'는 주장 사이의 큰 차이를 제대로 인식하지 못하고 있는 것 같다. 전자는 바울이 갈라디아서 이외의 다른 편지에서 종종 개진한 견해이지만, 후자는 오직 갈라디아서에만 나오는 주장이다. 갈라디아서 5:4을 다시 보자. "여러분 중에 율법으로 의롭다고 여김을 받으려는 이는 누구든지 그리스도에게서 끊어졌고 은혜에서 떨어졌습니다." 율법에 의지하면 그리스도와의 연합이 무효화된다는 말이다. 더 쉬운 표현을 빌자면 '구원이 취소된다'는 말과 다름없기 때문에 바울은 여기에서 'must not'을 강조하고 있음을 알 수 있다. 'must not'과 'need not'은 의미

---

1 '새 관점'에 대한 더 자세한 설명은 이 책의 "부록"을 참고하라. "바울을 바라보는 새 관점: 기원, 발전, 분화, 그리고 그 이후".

하는 바가 완전히 다르다. 바울은 **갈라디아서에서만** 유독 'must not'을 강조한다. 그 이유는 무엇이고 주장의 근거는 무엇인가? 3장과 4장을 읽으며 우리는 이 질문에 대한 해답을 찾으려 노력할 것이다.

결론부터 말하자면, 신학적 논거와 논리가 탄탄하지 않음에도 불구하고 바울은 저주 모티프 등 갈라디아 신자들의 두려움을 자극하는 여러 방편을 통해 그들을 자신의 적대자의 영향권에서 빼 내려 했고, 이러한 목적을 위해 바울은 'must not'이라는 주장을 극단적으로 밀고 나가야 했다. 다시 말해 'must not'을 주장한 것은 신학적으로 도출된 필연적 논리에 근거한 것이 아니라, 자신의 영적 자식인 갈라디아 교인들을 다른 선교사 그룹에게 빼앗기고 싶지 않았던, '사회적'이며 실리적 이유 때문이었다고 보는 것이 가장 명료하며 설득력 있는 설명이다.

3:1-5

2장 전체에 걸쳐 자신이 전한 복음의 핵심을 자신이 겪었던 일과 연결하여 강렬하게 풀어낸 바울은 이제 3장에서 갈라디아 신자들을 직접 호명하며 하고 싶은 말을 여과 없이 이어 나간다. 그것도 모욕적으로 들릴 만한 형용사를 갈라디아인에게 붙이면서 말이다. "아, 바보스러운 갈라디아인들이여!"(3:1) 여기에서 "바보스러운 자들(ἀνόητοι)"이라는 단어는 '지성(νοῦς)이 제대로 작동하지 않는 사람들'로 직역할 수 있다. 갈라디아 신자들이 이 정도로 '머리를 제대로 쓰지 못하는' 사람이 된 이유가 참 놀랍다. 3:1에서 바울은, 갈라디아인에게 할례를 받으라고 '강요한' 이들의 정체를 악한 주술사evil magician로 규정한다. 바울에 의하면, 그들은 고대인들에게 널리 퍼져 있던 '사악한 눈evil-eye'으로 갈라디아인을 "홀리게 만들었다(ἐβάσκανεν)."

'사악한 눈'이란 악감정과 질투의 시선으로 타인을 바라보면서 해악을 끼치는 일종의 저주 주술이다.[2] 지금까지 발굴된, 사악한 눈의 저주를 피하는 데 사용된 수많은 부적이나 액땜의 방법이 적힌 문서들을 보면, 고대인들 사이에서 이러한 저주가 널리 행해졌고 또 실제로 이것이 효과를 발휘한다는 믿음이 팽배했음을 쉽게 알 수 있다. 갈

---

2 이 저주 행습에 대한 연구는 많다. 갈라디아서 3장 1절에 한정해서는 Susan Eastman, "The Evil-Eye and the Curse of the Law: Galatians 3.1 Revisited," *Journal for the Study of the New Testament* 83(2001): 69-87을 참고하라. 더 광범위한 연구로는 John H. Elliott, *Beware the Evil Eye: The Evil Eye in the Bible and the Ancient World*, 4 vols. (Eugene, Oregon: Cascade Books, 2015-2018).

라디아인에게 할례받으라고 강요한 사람들은 사실 악한 주술을 거는 사람이라고 바울은 주장한다. 바울은 그들이 바울 복음과 다른 메시지를 전했으므로 저주의 대상임을 암시하는(1:8-9) 동시에 '사악한 눈'의 저주를 내리는 자들이라고 묘사함으로써 갈라디아인의 두려움을 건드려, '할례 복음'을 전하는 자들을 불신하도록 유도한다. 이렇게 사실 여부와 상관없이 대적자의 품위를 깎아내리는 것은 고대 연설가들이 자주 사용하던 기법이었다.[3]

〈개역개정〉에서 "하나님께 좋게 하랴"(1:10)로 오역된, "신을 설득하다(πείθω τὸν θεόν)"라는 표현은 그리스 시대에 주술사의 행위를 가리키는 대표적 묘사이다.[4] 그러므로 10절의 수사의문문은 풀어 쓰면 "내가 주술사이겠느냐? 하나님을 설득하게?"라는 의미이며, 이는 곧 바울 자

---

3 Demosthenes, *De corona* (3): "모든 인간에게 자연스러운 것은 언어적 폭력과 비난을 듣는 것이다."(ὃ φύσει πᾶσιν ἀνθρώποις ὑπάρχει, τῶν μὲν λοιδοριῶν καὶ τῶν κατηγοριῶν ἀκούειν ἡδέως) 그리스의 가장 위대한 연설가 데모스테네스와 로마의 위대한 연설가 키케로 모두 연설 중에 사실 여부와 상관없이 상대방을 폄하하는 발언을 서슴지 않았다.

4 플라톤, 《정체Republic》 364 b-e. Hans Dieter Betz, *Galatians: A Commentary on Paul's Letter to the Churches in Galatia*(Hermeneia: Philadelphia: Fortress, 1979), 55.

신이 주술사로 비치는 것을 강력하게 부인하는 것으로 풀이된다. 바울이 굳이 이렇게 말하는 데는 두 가지 이유가 있다. 먼저 이중으로 저주를 거는 모습에서 이방인 갈라디아 예수 따르미 중 일부가 바울을 일종의 주술사로 간주할 가능성을 들 수 있다. 둘째, "**내가** 주술사이겠느냐? 하나님을 설득하게?"라는 수사의문문은 '주술사는 내가 아니라 오히려 복음을 변질시킨 자들'이라는 암시를 깔고 있고, 이러한 암시는 3:1에서 명확해진다. 갈라디아에서 변질된 복음을 전하는 무리는 갈라디아인의 판단력과 지력에 악한 주술적 영향을 끼쳐("홀려") 그들이 선명한 사실과 경험을 등지게 하고 결국 바보가 되도록 만든 자들이다.

3:1-5에서 바울은 갈라디아인들이 얻은 영적 유익에 '율법의 행위들'이 실제로 기여한 바가 전혀 없다는 사실을 지적한다. 이는 경험에 기반한 설득이다. 경험, 특히 두려움에 호소하는 설득의 힘은 고대 그리스와 로마의 수사학자들이 한결같이 인정했다.[5] 특히 그 경험이 신과 관련된 것이라면 더욱 그러했다. 바울은 여기에서, 과거에 일어났던 갈라디아 신자들의 확실한 '영(πνεῦμα)' 경험에 비

5 예를 들어, 아리스토텔레스《수사학》2.5.15.

추어 볼 때, 현재 몇몇 사람의 행태가 얼마나 어리석은지를 폭로하는 것이다. 3:1-5의 모든 문장이 수사적 의문문이다. 2:16에서 개진된 명제가 실제로 어떻게 체현되었는지를 밝히면서 '율법의 행위들'의 무용성에 집중하게 한다.

그런데 경험에 근거한 이 같은 논증에 새롭게 도입된 주제가 눈에 띈다. 바로 '영을 받음'이다. 대부분 번역본에서는 '성령(즉, 성스러운 영)'으로 번역되었지만, 정확히 직역하면 그냥 '영(τὸ πνεῦμα)'이다. 여기에서 삼위일체 교리의 한 위격인 성령을 떠올리면 안 된다. (삼위일체 교리는 이보다 훨씬 후대에 발전되었다.) '성령' 하나님을 "듣고 믿어서"(3:2) 받을 수 있는 것은 아니다. 바울은 '영'을 그리스도라고 말할 때도 있고, 수시로 '그리스도의 영', '하나님의 영', 혹은 그냥 '영'이라는 표현을 동의어로 사용한다. 그에게 '영'은 하나님의 힘을 드러나게 하는 매개체이기도 하고, 인간 안에 내주하며 인간을 변화시키는 주체이기도 하다. 바울은 갈라디아서에서 아주 대담한 주장을 한다. 즉 아브라함에게 하나님께서 주신 약속이 바로 '영'이라는 것이다. 오경에는 나오지 않는 내용이다.

갈라디아인이 도저히 부인하려 해도 부인할 수 없는 경험은, 그들이 듣고 믿어서 '영'을 받았다는 것이며, 이를 뒷받침하는 증거는 하나님이 그들 가운데서 기적을 행하셨다는 것이다. 결국 '영'으로 시작한 갈라디아인의 새로운 삶은 '영' 안에서 영위되어야 하고 '영'으로 마쳐야 하는 것이 마땅한데, 그들이 몸에 흔적을 남기는 할례와 같이 '육'에 의지하는 것은 틀렸다고 바울은 지적하는 것이다. 여기에서 "듣고 믿음으로부터(ἐξ ἀκοῆς πίστεως)"라는 표현은 '피스티스에 대한 메시지로부터'라고 번역해도 되고, '피스티스를 들음으로부터' 또는 '들은 바를 믿음으로부터'라는 번역도 가능하다. 바울이 이 말을 정확히 무슨 의미에서 사용했는지는 확실하지 않지만(존 바클레이는 '믿음으로 받아들인 메시지' 혹은 '믿음을 일으킨 메시지'라고 해석한다[6]), '율법의 행위들'이 그러한 영적 선물과 그에 따른 혜택을 얻는 일에 아무것도 기여하지 못했다는 사실을 그가 계속해서 지적하고 있음은 분명하다.

3:6-9

3:6에서 바울은 창세기에 기록된 아브라함 이야기의 특

---

6 존 M. G. 바클레이, 《바울과 선물: 사도 바울의 은혜 개념 연구》(송일 옮김, 새물결플러스, 2019), 660, 각주 4번.

정 대목을 선택적으로 발췌해서 가져온다. 아브라함 이야기는 그가 하나님의 약속을 신뢰하고 '의롭다고 여김 받은' 일뿐만 아니라 할례받은 일(창 17:9-27)도 포함되어 있지만 바울은 창세기 17장의 이야기는 마치 없었던 것처럼 의도적으로 언급을 삼간다. 현대인의 시각에서는 매우 자의적인 논증을 펼치는 것 같으나, 당시 유대인이나 로마인에게 이런 식의 문서 해석은 보편적이었다. 이에 대해서는 3:10-14을 설명할 때 다시 다루려고 한다.

바울이 왜 갑자기 아브라함 이야기를 꺼내 들었는지 정확히 알긴 어렵다. 아마도 그의 적대자들이 아브라함의 할례를 따라 할례를 강요했기 때문일 가능성이 꽤 있다. 창세기 17장의 내용이 바울 자신의 주장을 사실상 흔들 수도 있는데 굳이 아브라함 이야기에 호소하는 위험을 감수한 것을 보면 그러하다. 물론 '피스티스'와 '의롭다고 여김'의 관계가 창세기 15장 6절에서 어느 정도 뚜렷이 나타났기 때문일 수도 있다.

3장과 4장을 아우르는 뚜렷한 주제는 '누가 진정한 아브라함의 자손인가'라는 질문과 연결되어 있다. 3:7에서 바울은 "피스티스에서 비롯된 사람들이야말로 아브라함의 자손"이라고 못을 박는다. "피스티스에서 비롯된 사람들(οἱ ἐκ πίστεως, those who are from faith)"은 정확히 어떤 사람을 말하는가? "피스티스로부터(ἐκ πίστεως)"라는 표현은 바울이 하박국 2:4에서 가져왔을 가능성이 높다. 바울의 신학은 어느 학자의 말마따나 '전치사 신학preposition theology'이 맞다. 몇 가지 전치사만 사용해서 심오한 신학과 체험을 말하기 때문에 그의 말은 때로 운문에 가깝고, 그래서 산문이나 명제적으로 풀어서 이해하기 어려울 때가 많다. "피스티스로부터"라는 말 역시 그러하다. 나는 이를 '피스티스에 속한 사람'이라는 뜻으로 이해하지만, 바클레이처럼 '피스티스를 기반으로 완전히 재구성된 인간'이라고 해석해도 무방하다고 본다. '정관사(οἱ)+전치사(ἐκ)+명사(피스티스/율법)'의 구조를 지닌 표현이 인간 정체성의 기반을 가리키기 때문이다. 그렇다면 왜 '피스티스'에 정체성을 두고 있는 사람이 아브라함의 자녀인가? 답을 하기 위해서는 고대의 가족과 민족 개념을 살펴볼 필요가 있는데, 이에 대해서는 아래 3:26-28에서 다룰 것이다.

바울은 자신의 이방인 사역이 이미 아브라함에게 일어난 일에서 예표가 되었다고 하며, 이것을 성서가 진즉에 알고 있었다고 말한다. 이 말은 "모든 민족이 너로 인해 복을 받을 것이다"(창 12:3, 18:18, 22:18)라는 하나님의 말씀(약속)이 성취되었다는 뜻이다. (바울이 창세기 12장과 18장의 구절을 인용하면서도, 하나님께서 할례를 명령하시는 창세기 17장을 갈라디아서 내내 언급하지 않는 것을 주목하라!) '피스티스'에서 난 사람은 아브라함의 자손이 될 뿐만 아니라 아브라함과 더불어 복을 받는다고 말한다. 이게 무슨 말일까? 바울 논증의 특징 중 하나는 어떤 명제나 결론을 툭 던져 놓고 더 이상 발전시키지 않은 채 다른 이야기를 하다가 한참 돌아 그 명제나 결론에 돌아온다는 점이다. 여기에서도 마찬가지이다. 그는 논증하기 어려운 이 선언의 근거를 설명하지도 않고, 뜬금없이 '율법의 행위들'과 저주를 연결한다.

3:10-14

짧지만 해석하기 매우 까다로운 본문이다. 특히 10절과 12절이 그러하다. 위에서 이미 말한 대로, 샌더스의 연구 이후로 유대교는 '율법의 완벽한 준수를 통한 구원'을 추구하는 종교가 아님이 밝혀졌다.[7] 유대인은 하나님의 선택

---

7 물론 보수계열 학자 중에는 아직도 '완전한 율법의 준수'가 불가능하기 때문에 저주 아래 놓여 있다고 주장하는 사람들이 있다. 대표적으로 Thomas R. Schreiner, Galatians: Zondervan Exegetical Commentary on the New Testament(Grand Rapids: Zondervan, 2010)가 있는데, 이들은 샌더스

을 받은 언약의 백성이고, 율법은 하나님이 주신 선물로 그에 따라 살면 하나님의 백성다운 삶을 영위할 수 있다는 것, 그리고 설사 율법을 어기더라도 하나님께서 속죄제를 비롯한 회복의 길을 이미 마련해 놓으셨다는 것이 초기 유대교의 보편적 신념이었다. 그렇다면 바울은 왜 다음과 같이 율법의 완전한 준수만이 저주를 벗어나는 길인 것처럼 말했을까? 먼저 3:10에서 다수의 영어 번역본이나 우리말 번역에 오류가 있음을 지적하고 싶다.

> 기록된 바 누구든지 율법 책에 기록된 대로 모든 일을 항상 행하지 아니하는 자는 저주 아래에 있는 자라 하였음이라(개역개정).

> 기록된 바 "율법책에 기록된 모든 것을 계속하여 행하지 않는 사람은 다 저주 아래에 있다" 하였습니다(새번역).

이 번역문을 보면 율법을 완벽하게 준수하지 못한 사람에게 저주가 내린다고 말하는 것 같다. 그러나 원문을

의 기본 논지를 제대로 이해하지 못하는 것으로 보인다.

직역하면 이러한 뉘앙스를 담고 있지 않음을 알 수 있다.

> 사실 누구든지 율법의 행위들로부터 [정체성을 가진] 사람들은 저주 아래 있습니다. 왜냐하면 [율법] 책에 기록된 모든 것들, 그것들을 행하기 위해(τοῦ ποιῆσαι αὐτά) 그것들 안에 계속 머물지 않는 모두가 저주받았다고 [율법 책에] 기록되었기 때문입니다.

"행하기 위해"라는 목적절에 주목하자. 바울은 신명기를 인용하면서 "책에 기록된"이라는 살짝 다른 표현을 덧붙이지만, 율법을 지키는 사람의 행위 자체보다는 의도와 목적이 중요하다는 점을 분명히 한다. 따라서 이 구절을 율법의 완벽한 준수 없이는 모두 저주에 떨어진다고 해석하는 것은 무리가 있으며, 이는 당대 유다이즘의 보편적 신념을 통해서도 확증될 수 있다.[8]

또한 3:10이 청중에게 줄 영향에 주목하는 것이 중요하다. 이방인인 갈라디아 예수 따르미들 중에 이 말을 들

---

8 더 자세한 논증은 E. P. Sanders, *Paul: The Apostle's Life, Letters, and Thought* (Minneapolis: Fortress, 2015), 523-524를 보라.

고 부담을 느낀 사람이 적지 않았을 것이다. 더구나 갈라디아서 앞부분은 저주 이야기로 가득 차 있었는데, 이는 율법의 일부, 특히 유대인임을 나타내는 두드러진 행위인 할례, 음식 규정 준수, 안식일 준수 정도만 지키려던 사람들에게 큰 두려움을 주는 말임에 틀림없었을 것이다. 앞에서 이야기했듯이, 바울이 갈라디아서를 쓴 이유는 갈라디아 신자들을 **설득**하기 위해서였다. 설득에 있어 사람의 감정, 특히 두려움을 자극하는 것만큼 효과적인 것이 없다는 사실을 염두에 두고 이 본문을 해석할 때 바울의 논증이 지니는 정합성 자체보다는 바울이 청중에게 영향을 끼치려는 의도에 집중하는 것이 더 중요하다.

바울 당시 유대인들에게 신명기 27:26을 들어 '율법의 행위들'에 의지하거나 정체성의 기반을 삼는 사람은 저주를 받았다고 선언하는 것은 그다지 설득력이 없었을 것이다. 갈라디아에 있는 바울의 적대자들의 정체를 정확히 알기는 어렵지만, 대체로 유대인 출신 예수 따르미이자 선교사들이었을 것이라고 추정한다. 따라서 일견 설득력 없어 보이는 바울의 말(3:10-14)은 그의 적대자가 아니라 갈라디아 청중을 겨냥했다고 보는 것이 자연스럽다.

다시 3:10에 집중해 보자. 바울이 바로 앞 구절(3:8)에서 창세기 12:3과 18:18을 인용하면서 '복'에 대해 말했기 때문에, '복'의 반대말인 '저주'로 넘어가는 것은 그다지 부자연스럽지 않다. 또한 샌더스가 날카롭게 관찰했듯이 저주와 율법을 한 구절에 나란히 놓은 칠십인역 구절은 신명기 27:26밖에 없다.[9] 따라서 바울은 이미 자신이 개진한 저주 모티프를 이어가면서, '율법의 행위들'을 받아들이려는 갈라디아인들의 마음을 돌아서게 하려고 가장 적절한 구절을 인용했다고 볼 수 있다.

더 어려운 문제도 있다. 누구도 하나님 앞에서 율법으로 의롭다고 여겨지지 않는다고 말했으면서(3:11) 왜 바울은 "그 계명들을 행하는 사람은 그것들로 살 것이다(3:12b, 레 18:5 인용)"라고 말했는가? 모순되는 주장이 아닌가? 이 문단에서 바울은 레위기 18:5과 하박국 2:4을 동시에 인용하는데, 이것은 마치 성서의 특정 구절을 성서의 다른 구절로 반박하는 모습으로 비치면서 문제를 더 어렵게 만든다. 이 난해한 논증의 흐름을 설명하려는 노력이 끝없이 있었지만, 나는 이 문제를 다음과 같이 해결한다.

---

9 Sanders, *Paul, the Law, and the Jewish People* (Philadelphia: Fortress, 1983), 21.

바울의 주장의 흐름을 짚어 보면, 하박국 2:4이 참인 것이 분명하기 때문에 레위기 18:5은 그것이 아무리 오경에 기록되었다 하더라도 참이 아니라는 논리이다. 현대인의 귀에 별로 설득력이 없게 들린다. 단단한 근거를 가진 주장이라기보다는 일방적 선언assertion에 가깝다. 하지만 그 안에 작동하는 논리를 굳이 찾자면 이런 것 같다. 즉 피스티스로부터(만) 살 수 있다는 하박국 2:4을 오롯이 받아들이지 않고 할례를 덧붙이려는 노력은 '책에 있는 모든 것'을 지키지 않는 것과 마찬가지라는 말이다. 아브라함의 예(창 15:6)와 하박국 2:4이 합해지면서 레위기 18:5의 내용을 무력화시킨다. 레위기 18:5에는 '믿음으로'라는 말이 없기 때문이다.

3:12의 "율법은 피스티스로부터 나온 것이 아니다(ὁ δὲ νόμος οὐκ ἔστιν ἐκ πίστεως)"라는 문장은 "율법은 피스티스에 속한 것이 아니다"라고 번역할 수 있으며, 이것이 바로 레위기 18:5의 중요성을 격하시키는 논리라고 생각한다. 3:11에서 하박국 2:4의 내용이 "명징하다(δῆλον)"는 말만 보아도 그렇다. 대단히 작위적인 논증 같지만, 앞서 말했듯 문서에 대한 이러한 접근, 즉 한 구절이나 규정은 극히 중요시하고 다른 구절이나 규정은 상대화하는 것은 고대

수사학이나 유대인의 성서 해석에서 보편적으로 발견되는 현상이다. 현대의 법 해석에서 필요에 따라 때로 법의 문구나 이전 판례의 문구 자체에 호소하기도 하고, 때로는 법의 정신 혹은 취지에 호소하는 것과 크게 다르지 않다.

안타깝게도 13-14절에 흐르는 논리 역시 명료하지 않다. 바울은 그리스도가 저주가 되셔서 '우리를' 율법의 저주에서 속량하셨다고 말하는데, 여기에서 '우리'는 율법 아래 있는 유대인을 가리키는 것 같다. 그런데 14절에서는 예수가 십자가에 달리신 목적을 "아브라함의 복이 이방인에게도 미치기 위해서"라고 말한다. 이를 어떻게 설명해야 할까? 유대인이 저주에서 속량되어야만 이방인에게도 아브라함의 복이 전해질 수 있다는 내용을 바울은 어디에서도 이야기한 적이 없다. 그렇기 때문에 우리는 추측할 수 있을 뿐 바울의 마음속에 있는 사고에 가닿을 수 없다. 또 하나, 바울은 아브라함의 복에 대해 '영의 약속을 피스티스를 통해 받는 것'이라고 새롭게 정의한다. 창세기에 나오지 않는 바울만의 새로운 해석이다. '영의 약속'은 '약속, 곧 영'이라고 번역하는 것이 좋다. 아브라함에게 약속하신 복이 곧 '영을 받음'이라는 것이다. 이는 '피스티스'를 통해서만 가능하기 때문에 바울은 여전히 '피스티스에서 비롯된'이라는 표제어에 방점을 찍고 있다. 그러나 이것이 어떻게 저주 및 저주의 제거와 관련되어 있는지는 명확히 알기 어렵다.

이러한 주석적 문제를 풀기 위한 첫걸음은 갈라디아서의 첫 부분부터 뚜렷하게 흐르는 저주 모티프 안에 이 본문을 놓는 것이다. 다시 말해, '그리스도-사건'을 고대의 묶는 주술에서 자주 쓰인 '주다'라는 동사를 사용해 표현한 점(1:4), 이중으로 저주 걸기(1:8-9), 안디옥 사건에서 게바가 정죄당한 일(2:11), 그리고 바울의 적대자들을 악한 주술사로 묘사한 것(3:1)이 차곡차곡 쌓인 가운데 3:10에 이르렀음을 잊지 말아야 한다. 저주 모티프는 갈라디아 청중의 두려움을 겨냥한 것이다.

3:15-21

바울은 언약과 유언이라는 뜻을 모두 가진 '디아테케(διαθήκη)'라는 단어를 가지고 일종의 말놀이에 근거한 논리를 펼친다. 여기에서 바울이 자기 논증에 끌어들이는 논거는 '오래된 것이 더 중요하다'고 하는 고대인의 통념이다. 언약이 율법의 수여보다 먼저였으므로 언약이 더 중요하다. 물론 오경에 근거하지만, 이를 위해 바울이 전개하는 단수명사로서 '씨' 논증도 과한 측면이 없지 않다. '씨'는 단수명사이지만 집합명사로서 '자손(개역개정 번역)'을 가리킨다고 보는 것이 자연스러운데, 바울은 이 단어가 단수명사임을 강조하고 그 단수성을 그리스도 한 분이라는 실체에 연결하기 때문이다.

바울이 사용한 '율법의 저주'라는 표현도 유대인에게는 경악할 만한 말이었다. 이에 더해 그는 율법이 하나님이 직접 주신 것이 아니라 천사를 통해 어떤 중개자(아마도 모세)의 손으로 주었다고까지 말한다. 바울은 율법과 하나님 사이의 거리를 넓힘으로써 유대인이 당연하게 여겼던 율법의 가치를 끊임없이 깎아내리고 있다. 여기에서 그는 자신의 견해를 칠십인역 구절로 뒷받침할 때도 있고, 때로는 그 책에 없는 내용을 근거로 주장을 내세우기도 한다. (예를 들어, 율법이 천사들을 통해 주어졌다는 내용은 칠십인역 신명기 33:2에 희미한 암시가 있기는 하지만 바울처럼 선언하듯 말할 수는 없다.) 심지어 유언을 얼마든지 고칠 수 있었던 당대의 관습과 배치되는 주장도 한다(3:10). 지적한 바와 같이 바울 논리의 몇 가지 특징은 그가 엄밀한 형식논리나 증거에 입각해 주장을 개진하지 않고 주로 갈라디아 청중의 감정을 건드리는 설득의 방식을 채택했음을 간접적으로 나타낸다.

“의가 율법으로부터 [온다면] 그리스도께서 헛되이 죽으신 것”이니, 그것은 말이 안 된다(2:21)는 식의 논리가 18절에서 다시 등장한다. “유업이 율법으로부터 [온다면] 더 이상 약속에서 [오는 것이] 아닙니다. 그러나 하나님은 아브라함에게 약속을 통해 은혜를 주셨습니다.” 그러니 율법과 유업/상속이 연결될 수 없다는 논리인데, 우리 귀에는 별 설득력이 없다. 기본적으로 이 주장은 하나님께서 이미 하신 행동에 기반을 두고 있고, 또 ‘정답’을 먼저 가진 채 역으로 문제가 무엇인지를 추정하는 식의 추론에 기반한다.

그렇다면 율법의 존재 의의는 무엇인가? 이 어려운 문제에 대한 바울의 대답은 다음과 같다. 범죄 때문에 더해진 것일 뿐이다. 하지만 율법 자체는 생명을 주는 능력을 지니지 못했기 때문에 하나님과의 바른 관계를 정립하고 하나님이 주시는 생명 안에 살기 위해 율법에 의지해서는 안 된다는 말이다. 바울은 이미 하박국 2:4의 문자적 해석을 옹호하면서 생명을 ‘피스티스’와 연결한다.

3:22-25

여기에서도 바울은 조금 이상한 논리를 펼친다. ‘그리스도를 믿음' 혹은 '그리스도의 피스티스'에서 생겨나는 약속이 모든 믿는 자들에게 주어지기 위해 성서가 모든 것을 죄 아래 가두었다고 한다. 모든 이가 죄의 지배 아래 있다는 경험적 사실이 실제로는 약속과 믿음을 연결하려는 하나님의 목적을 이루기 위함이라는 말인데, 논리적 정합성은 부족하다. 〈개역한글판〉에서 "몽학선생"이라고 번역된 단어 '파이다고고스(παιδαγωγός)'는 고대 그리스와 로마에서 어린 학생이 충분히 성장하기까지 등하교를 돕고 교육하고 보살피던 사람을 가리킨다. 이러한 비유를 통해 바울은 율법의 한시적 역할을 지적한다. 물론 당대의 유대인이 생각한 율법의 의의와 기능과는 동떨어진 견해이다.

'파이다고고스'에 대해 고대 문헌 일부에서 부정적 묘사가 있기는 하지만, 그들은 단순히 위에 언급한 일을 하는 사람을 의미하므로 대체적으로 부정적인 이미지를 연상시키지는 않는다. 이런 측면에서 보면, 3장 중반부터 더욱 심하게 율법의 가치를 깎아내리는 바울의 논증, 특히 '율법의 저주'로 대표되는 부정적 표현과 '파이다고고스'의 이미지를 연결 짓기 어렵다. 따라서 '파이다고고스'는 바울이 그저 율법의 한시성을 나타내기 위해 사용한 비유에 불과하고, 어떠한 연결점을 찾기에 그의 논리는 이렇듯

허술하다.

바울은 3장에서 여러 가지 이유를 들면서 율법을 폄하하는데, 그가 제시하는 이유 사이에 긴밀한 연관성이나 일관성이 없다. 대신 율법에 대한 그의 견해는 살아 움직이는 동물처럼 상황에 적응하는 역동성을 가지고 있다. 이러한 의미에서 소위 '바울의 율법관'이라는 표현은 폐기되어야 한다고 나는 생각한다. 현대의 바울 해석자들은 대개 바울이 논쟁이나 논증을 할 때 당대의 유다이즘을 중립적이고 객관적으로 제시했을 것이라고 믿는 경향이 있다. 하지만 이는 고대인들이 치열한 논쟁 상황에 있을 때 활용하는 수사 기법을 잘 모르기 때문에 저지르는 실수이다. 바울은 필요하다면 여느 고대인과 마찬가지로 사실을 왜곡할 수도 있었다. 그가 유대인들의 믿음과 율법 이해를 공정하게 제시했을 것이라는 추정은 너무 순진하다.[10]

---

10 다음 연구를 참고하라. R. Barry Matlock, "Helping Paul's Argument Work? The Curse of Galatians 3.10–14," in *Torah in the New Testament: Papers Delivered at the Manchester–Lausanne Seminar of June 2008*, ed. M. Tait and P. Oakes, LNTS 401 (London: T&T Clark, 2009), 179.

3:26-29

바울은 선언한다. 모두가 '피스티스'를 통해 그리스도 예수 안에서 하나님의 자녀가 되었다. 그리스도 안에 있는 이가 하나님의 자녀인 이유는 그리스도를 [옷으로] 입었기 때문이다. 이 논리 또한 파악하기 어렵다. '옷을 입다'라는 것 자체가 비유이기 때문이다. 이런 비유로부터 '의의 전가' 교리를 끌어내는 것은 무리가 있다. 하지만 굳이 바울의 논리를 이해해 보자면, 그리스도가 하나님의 아들이고 우리가 그리스도 안에 있기 때문에 우리도 역시 하나님의 자녀가 된다는 뜻일 것이다. 그러나 이런 식의 메시아사상(그의 백성과 메시아가 합체된다는 사상)은 1세기 유대교에서 찾아보기 어렵다.[11] 고대인들의 이해에 따르면, 아브라함의 예처럼 민족이나 가족은 최소한 하나 이상의 특질traits을 공유하는데(로마서 4장은 이러한 일반적 이해에 기반하고 있다), 바울은 그 공유된 특질을 믿음(피스티스)이라고 말한다. 그렇다면 '아브라함의 피스티스'와 '예수의 신실함(피스티스)'을 그대로 가지고 있는 자들은 예수와 같은 종족이

---

11 이러한 해석은 톰 라이트가 일관되게 밀어붙이는데, 1차 자료로 탄탄하게 뒷받침되지 않아 학자들에게 비판을 받는다.

고 하나님의 자녀이며 아브라함의 자손이라는 논리가 성립될 수 있다.

사회의 모든 구별이 그리스도 안에서 철폐된다는 선언처럼 들리는 3:27-28은 현대인이 듣기에 매우 놀라운 내용이지만, 사실 그 핵심은 다른 곳에 있다. 이는 하나님께서 인간이 세운 모든 가치 체계와 분류를 무시하신다는 말이며, 그리스도 안에 있는 사람을 규정짓는 정체성은 그리스도뿐이라는 말이다. 바울이 그의 여러 편지에서 노예제의 부당함을 지적하지 않았다는 사실만 보아도 이 구절을 모든 차별의 철폐로 확장해 해석하는 것은 무리가 있다. 안타깝지만, 우리는 바울이 모든 면에서 영웅적인 사고를 했으리라는 기대에서 벗어날 필요가 있고, 이러한 점을 인정할 때 그의 편지가 현대 그리스도인에게 종종 가져다주는 억압적 요소를 제대로 평가하고 극복할 수 있다.

바울은 이 긴 논증을 마치며 다시 아브라함 이야기로 돌아온다. 그리스도에게 속했으면 아브라함의 후손이 된 것이다. 곧 그리스도에게 속한 사람에게 하나님의 약속이 성취되었다. 길고 복잡하며, 때로는 설득력이 없거나 빈 곳이 있는 논증의 결론이다. 갈라디아서에서 아브라함 모티프는 띄엄띄엄 나오기 때문에 하나의 굵은 줄기를 더듬어 찾기는 어렵다. 4장 후반부에서 바울은 다시 아브라함 이야기로 돌아온다. 그때 다시 바울의 아브라함 이야기 이해와 활용을 다룰 것이다.

그럼에도 불구하고 바울이 말하고자 하는 바는 분명하다. '율법의 행위들'에 의존하는 사람들이 아니라 그리스도에게 속한 사람들이 아브라함의 자손이라는 말이다. 유대인으로 태어났느냐, 이방인으로 태어났느냐는 하나님의 눈에 중요하지 않다. 바울은 유대인 신자와 이방인 신자의 동등성을 다시 한 번 말하는 것이다.

갈라디아서 4장

자기 정체성 다시 깨닫기:
노예가 아니라 자녀!

갈라디아서 3:29에서 바울은 혈통에 따른 유대인이 아니라 '그리스도에 속한 사람'이야말로 아브라함의 후손이라고 말했다. '약속에 따른 아브라함의 자녀'는 하나님께서 갈라디아에 있는 예수 따르미들에게 주신 새로운 정체성이다. 바울은 4장에서 다소 복잡한 논증을 통해 이러한 정체성의 문제를 자세히 다룬다.

4장에서 특히 강조되는 점은 '아브라함의 진정한 후손'은 자유로운 신분의 소유자라는 것이다. 그 누구도 이들을 강압해서는 안 된다. 하나님께서 영(πνεῦμα)을 통해 새롭게 창조하시고(3:2-5, 6:15 참고) 자유롭게 하신 이들이 누리는 자유를 강압적으로 빼앗는 행위는 하나님의 업적을 파괴하는 것이기 때문이다(2:3, 14 참고). 여기에서도 갈라디아 교회에 있는 그의 '적대자들'을 악의적으로 묘사하고, 갈라디아 신자들의 두려움을 자극하는 설득 방법을 채택한 바울을 볼 수 있다.

4:1-7

1내가 이제 말합니다. 상속자가 어린이일 때는, 그가 모
든 것의 주인이라 하더라도 노예와 전혀 다르지 않습니
다. 2오히려 아버지가 정해 준 기간까지는 후견인과 집을
관리하는 사람 아래 있습니다. 3마찬가지로 우리도 역시
그러합니다. 우리가 어린이였을 때, 우리는 세상을 이루
는 기초 원소들 아래 노예 노릇을 했습니다. 4그러나 만기
(=시간의 충만함)가 도래했을 때, 하나님이 그의 아들을 내
보내시어, 그 아들이 여자에게서 나시고 율법 아래 나셨
습니다. 5이는 그분이 율법 아래 있는 이들을 속량하시기
위해서, 우리가 양자로 입양됨을 얻기 위해서였습니다.

한 집안의 상속자와 노예라는 완전히 다른 두 신분에 대해 이야기하면서 바울은 갈라디아인들 자신이 어느 신분에 속해 있는지, 다시 말해 어떤 정체성을 소유하고 있는지 재차 깨닫기를 바란다. 현대인은 노예라는 단어가 표현하는 극도의 수치에 둔감하지만, 바울이 살던 당시에 노예는 가장 낮은 신분을 지닌 수치스러움의 대명사였다. 그러므로 갈라디아서 곳곳에서 바울이 노예와 자유인, 혹은

노예와 상속자라는 대조를 언급할 때, 갈라디아인에게는 다시 '노예' 신분으로 되돌아가지 말아야 함이 자명한 것이었다. 바울은 정체성에 대한 문제를 율법과 '세상을 이루는 원소들'과 연관 짓는다. 율법이 맡은 기능이 한시적일 뿐이라는 3:22-25의 선언이 여기에서 되풀이된다. 즉 '우리가 어렸을 때는 율법 아래 살면서 세상을 구성하는 원소들에게 종노릇했지만 그것은 아버지가 정해 준 때까지였다.' 결국 갈라디아 신자들이 깊이 자각해야 하는 것은 '그리스도-사건'을 통해 새롭게 탄생한 자아('하나님의 입양아')의 눈으로 율법의 무능력과 한시성을 직시하며 이전의 허탄한 종교생활로 되돌아가지 않는 것이다.

그런데 율법 아래 살았던 삶과 '이 세상을 이루는 기초 원소들'에게 노예 노릇 하는 것을 동일시한다는 점은 선뜻 이해하기 어렵다. 바울의 주장을 이해하기가 어려운 이유 중 하나는 그가 어떤 진술을 던져 놓고 다른 이야기로 샜다가 다시 처음 던져 놓은 진술로 돌아가는 데 있다. 그는 '세상을 이루는 기초 원소들'을 숭배하는 것을 3절에 언급하고 나서도 그것이 어떻게 율법 아래의 삶과 같은지 납득할 만한 논리를 전개하지 않다가, 8-9절에 가서야 다시 이 주제로 돌아온다. (이 문제는 본문의 흐름을 따라 8-9절 해설 부분에서 자세히 다루겠다.)

1-7절은 "그러나 만기(시간의 꽉 참, 충만함)가 도래했을 때"라는 표현으로 시작하는 4절을 기점으로 '그리스도-사건' 전과 후의 대조에 기반한 논증으로 이루어져 있다. 하나님께서 그의 아들을 보내시기 전에는 인간이 상속자임에도 불구하고 후견인과 청지기 아래 있는 삶, 세상의 원소들을 주인으로 섬기는 노예의 삶을 살았다. 그러나 하나님께서 아들을 보내셔서 율법 아래 있는 자들을 속량하셨고, 그 결과 우리는 입양을 통해 하나님의 딸과 아들이라는 가장 명예로운 신분을 얻게 되었다. 이는 '신의 아들'로 불리던 로마 황제에 비길 만한 높은 신분이다! 언뜻 외적으로 보아서 알아차리기 어려운 신분의 급진적 변화는 "우리 마음에" 하나님이 보내신 그 아들의 영이 "압바 아버지"라고 우렁차게 소리치는 것에서 가시적으로 확인된다.

> 6여러분이 하나님의 아들들이므로, 하나님이 그의 아들의 영을 우리의 마음들 안으로 보내셨고, 그의 아들의 영은 "압바, 아버지!" 하고 크게 소리칩니다. 7따라서 당신은 더 이상 노예가 아니라 아들입니다. [당신이] 아들이라면 하나님을 통한 상속자입니다.

6절에서 "압바 아버지"라고 부르는 주체가 "그의 아들의 영"임을 주목하라. (후대에 정립된 삼위일체 교리를 이 구절에 투영해 '성령'이라고 번역하면 오해를 불러일으키기 쉽다.) 그리스도의 영이 우리 안에 계실內住 때, 우리는 하나님의 자녀라는 정체성을 가지게 된다. 여기에서 사용된 단어 "크게 소리치다(κράζω)"는 대단히 열광적이고 은사주의적이었던 초창기 예수 따르미 공동체의 분위기를 엿볼 수 있게 한다.

본문을 섬세하게 읽은 독자는 '그리스도 안에서 남자나 여자가 없고, 모두가 하나이다'라는 3:28의 위대한 선언과 4:6-7에서 언급하는 '아들'이라는 정체성 사이의 모순 혹은 긴장을 보았을 것이다. 아마도 바울이 아들이라는 단어로 '자녀'(아들과 딸)를 말하는 것일 수도 있고, 현시대에 여전히 존재하는 구별이 그리스도 안에서는 별 의미가 없다고 말하는 것일 수도 있다. 어떤 설명을 택하든 바울이 당대의 남성중심적 사고에서 크게 벗어나 있지 않다는 점은 분명하다. 앞장에서도 말했듯 바울에게 우리의 이상과 바람을 한껏 투영하는 것은 늘 경계해야 한다. 그는 한계가 있는 사람이었다. 그의 인간적 한계를 인정해야만 그의 서신들이 남긴 부정적 유산을 극복할 출발점을 찾을 수 있다.

4:3에 나오는 "타 스토이헤이아 투 코스무(τὰ στοιχεῖα τοῦ κόσμου)"라는 표현이 정확히 무엇을 가리키는가에 대해 고대로부터 지금까지 열띤 토론이 있었다. 〈개역개정〉은 "이 세상의 초등학문"으로, 〈공동번역〉은 "자연 (숭배)"으로, 〈새번역〉은 "세상의 유치한 교훈"으로 이 문구를 번역했다. 〈공동번역〉을 제외하고는 "타 스토이헤이아 투 코스무(τὰ στοιχεῖα τοῦ κόσμου)"의 노예 노릇을 했다는 3절의 표현을 제대로 이해하기 어렵다. "초등학문"이나 "유치한 교훈"의 노예로 산다는 말을 문자적으로 어떻게 이해할 수 있겠는가? 앞에서 말한 대로 4장 전체가 자유와 노예라는 대조에 근간을 두고 있기 때문에 이것을 은유적 표현이라고 하기에는 무언가 부족하다. 이 표현에 대해 천체heavenly bodies라 하거나, 낮은 차원의 영적 존재들elemental spirits이라는 등 학계에서 여전히 의견이 갈리고 있지만, 오늘날 많은 학자는 그 당시 사람들이 가지고 있던 세계관을 반영한 것이라고 해석한다. 고대 그리스 자연철학자들은 이 세상을 이루는 근본 원리와 요소가 무엇인가를 탐구했다. 바울 시대 전후로 사람들은 물, 불, 바람(공기), 흙, 이 네 가지를 세상을 구성하는 기본 원소로 보았다.[1]

유대인인 바울이 볼 때, 이 네 가지 원소는 숭배의 대상, 즉 신일 수 없다. 유대인에게는 명징한 사실인데 왜 갈라디아인들은 이러한 세상의 요소들을 신이라고 여기고 숭배했는가? 아마도 그들이 살던 지역에 이 원소들을 숭배하는 종교가 있었던 것 같다. 그리고 이 종교는 절기를 지키는 관습을 행했던 것으로 보인다. 그렇기 때문에 바울이 4:8과 10절에서 그들이 "본래 신들이 아닌 것들을 위해 노예로 일하고", "해, 달, 절기, 일"을 지켰다고 말한 것 같다.

4:8-10

한편 바울은 갈라디아 신자들이 복음을 듣기 전에 신이 아닌 흙, 불, 물, 공기를 신처럼 숭배하고 노예 노릇을 했던 이유를 그들이 하나님을 알지 못했기 때문이라고 진단한다. 그러나 **이제** 그들이 하나님을 알게 되었으니 **다시** 신이

---

1 자세한 논의는 Martinus C. de Boer, "The Meaning of the Phrase τὰ στοιχεῖα τοῦ κόσμου in Galatians," *New Testament Studies* 53(2007): 204-224와 그의 갈라디아서 주석 *Galatians: A Commentary*, New Testament Library(Louisville: Westminster John Knox Press, 2011), 252-256을 보라.

아닌 것들에게 돌아가 노예 노릇 하면서 사는 것은 당연히 어리석은 행동일 수밖에 없다. 바울이 종종 보이는, 흥미로우면서도 신학적으로 심오한 '말 고치기rhetorical correction'의 예가 9절에 나온다. 그는 갈라디아인들이 이제 하나님을 알게 되었다고 말하자마자, "아니, 그보다는 오히려 하나님에게 알려졌다"고 말을 보탠다. 일종의 신학적 수정을 가한 셈이다. 이러한 말을 한 이유는 무엇일까? 무엇보다도 하나님께서 먼저 갈라디아인들을 부르시고 아셨다는, 하나님의 선행先行에 방점을 찍고 있다. 따라서 '세상을 이루는 원소들'에게 되돌아가 그것들을 신으로 숭배하는 행동은 하나님의 부르심을 저버리고 떠나는 것과 동치이다. 이는 갈라디아서 1:6을 떠올리게 한다. "여러분이 [그리스도의] 은혜로 여러분을 부르신 분을 이토록 빨리 떠나 다른 복음으로 향했다는 사실에 나는 놀랐습니다." 이는 진리를 따라 바르게 걷는 것과 정반대의 행위이다(갈 2:14).

위에서 잠깐 언급한 바대로, 여기에서 우리는 정말 곤혹스러운 바울의 주장을 마주한다. 갈라디아인들이 '율법의 행위들'을 준행하려고 한 것과 '세상을 이루는 원소들'에게 종노릇하는 것을 마찬가지라고 했을 때 그 근거는 무엇이었을까? 둘 사이를 잇는 공통점은 직관적으로 보이지 않는다. 실제로 어떤 학자는 갈라디아 교회에 유대교 율법을 준수하려는 무리와 이방 종교로 되돌아가려는 무리가 있었다고 주장했다.[2] 갈라디아서 연구자들이 이 문제에 대한 답을 찾기 위해 다양한 해법을 내놓았으나 그 많은 해석 가운데 똑 부러진 답처럼 보이는 것은 없다.

내 견해는 바클레이John M. G. Barclay와 마틴J. Louis Martyn과 비슷하다.[3] 바로 다음 구절인 10절에서 갈라디아 예수 따르미들이 "날과 달과 절기와 해를" 지킨다고 바울이 꼭 집어 언급한 점을 보면, '절기를 지킴'이라는 행위가 유다이즘과 갈라디아인들의 (회심 이전) '원소 숭배' 사이의 공통점이라고 할 수 있다. 또한 4장에서 반복되어 나오는 전치사 '휘포(ὑπό)'는 율법의 권위 '아래(ὑπό)' 사는 삶과 세상의 원소에게 노예 노릇 하는 것 모두 어떤 **권위 아래 복속된**

---

2 갈라디아인들이 이방 종교로 되돌아가려고 했다는 대표적 연구로는 Troy Martin, "Apostasy to Paganism: The Rhetorical Stasis of the Galatians Controversy," *Journal of Biblical Literature* 114(1995): 437-461.

3 하나님을 반역하는 영적 세력(율법 포함)에 복속한다는 점을 공통점으로 보는 견해로는 다음 책을 참고하라. J. Louis Martyn, *Galatians: A New Translation with Introduction and Commentary*, Anchor Bible 33A(New York: Doubleday, 1997), 417. 또한 Martinus C. de Boer, "The Meaning of the Phrase τὰ στοιχεῖα τοῦ κόσμου in Galatians," *New Testament Studies* 53(2007): 216-217.

삶이라는 유사점을 보여 준다. 갈라디아서 2장에서 예루살렘 방문과 안디옥 사건을 통해 '강요'와 '노예로 삼으려는' 일체의 노력에 강력히 반발한 바울의 모습, 4장 전체가 자유로움과 종살이를 대조하고 있다는 사실, 그리고 4장의 복잡한 논증이 그리스도 안에서 얻은 '자유인의 정체성'의 강조로 귀결되는 것(4:31-5:1)을 볼 때, 이러한 해석은 타당성을 확보한다. 자유인은 그리스도와 하나님 외에 어떠한 외부의 강요와 압력을 받을 이유도 없고, 더 나아가 그리스도가 주신 자율성을 침해하는 어떤 압력에도 저항해야 한다.

4:11-19

여기에서 중요한 것은 바울이 정교한 논리나 객관적 증거에 의지하지 않고 일방적으로 율법 아래 사는 삶을 부정적으로 묘사한다는 점이다. 바울의 주장은 논리적 설득이 아니라 청중의 감정에 호소하는 파토스의 수사학에 의지하고 있다. 이 점은 바로 이어지는 11절부터 16절에서 더 명확하게 나타난다. 바울은 "나의 수고가 헛되게 될까 두렵다"며 예전에 갈라디아인들이 보여 준 따뜻한 환대를 상기시킨다. 자신들의 눈이라도 빼어 줄 정도로 호의와 애정을 베푼 갈라디아인들이 이제 자신을 원수처럼 대하고 있다고 바울은 말한다. 전적 환대와 적의라는 극적인 감정 변화가 자기를 서운하게 했다고 말이다. 이 모든 언급은 감정을 건드리는 수사 전략이라고 볼 수 있다.

"나처럼 되어라"고 하는 4:12의 청유는 16절과 18절에서 그 의미가 분명해진다. 바울은 진리를 말하고 있으며, 좋은 의도를 가지고 갈라디아인의 유익을 위해 일해 왔고, 그 연장선상에서 지금 편지를 쓰고 있는 것이다. 이러한 주장은 바울의 적대자들이 진리를 말하는 사람들이 아니며 선한 의도로 갈라디아인을 대하는 것이 아니라고 말하는 것과 같다.

바울이 자신의 사역을 산모에 비유하는 점은 주목할 만하다(19절).[4] 사도로서의 사역은 여성만이 겪을 수 있는 해산의 고통을 수반한다. 갈라디아인들을 "나의 아이들이여"(19절)라고 부르는 것은 이러한 사역의 성격을 더욱 강조한다. 편지의 초두부터 매섭게 갈라디아인을 질타하고 "바보 같은 갈라디아인이여!"(3:1)라고 한탄하며 자신의

---

4 이 주제에 대한 전문 연구는 Beverly R. Gaventa, *Our Mother Saint Paul*(Louisville: Westminster John Knox Press, 2007)가 있다.

청중을 수치스럽게 한 일(그리스-로마는 명예와 수치가 지배하는 사회였고, 수치를 당하는 것은 사회적 죽음과 다를 바 없었다!)이 사실 모두 어머니의 마음에서 나온 것이라고 말한다. 그가 갈라디아에 가서 자신의 어조를 바꾸고 싶다고 한 것, 즉 언성을 높이고 싶다고 말한 것(20절)은 모두 이러한 동기에서 비롯된다. 그러니 갈라디아인들은 불쾌해하지 말고 바울의 선의를 제대로 이해해야 한다.

산모로서의 사역 목표는 갈라디아인들 안에 그리스도의 모습이 형성되게 하는 것이다. 그리스도와의 연합이라는 2장의 주요 주제가 되풀이되고 있다. '그리스도-사건'으로 믿음을 통해, 신자는 자신의 자아가 소멸될 정도로 그리스도로 가득 차 있고(2:20), 그리스도 안에 머물면서 하나님의 아들/딸이라는 신분을 얻었으며(3:26), 그리스도 **안으로** 들어가는 세례를 받았다(3:27). 이 모든 것이 '그리스도-사건' 안에서 하나님이 주신 선물이자 혜택이다.

갈라디아서가 두려움을 자극하는 설득의 기술로 가득 차 있다는 우리의 관찰은 여기서도 확인된다. 바울은 갈라디아인이 바울 적대자의 메시지를 따른 결과 그들 안에 계신 그리스도가 사라졌다고 본다. (이것이 19절에서 바울이 갈라디아인들 안에 그리스도의 모습이 다시 형성되도록 수고해야 한다고 말한 이유이다.) 요즘 교회에서 쓰는 쉬운 말로 하면 '구원의 취소' 정도가 될 것이다. 가장 값진 선물을 내다 버린 당혹스러운 행동을 한 갈라디아인들에게 바울은 언성을 높여 화를 내고 싶어 한다. 이 맥락에서 우리는 난해하기 짝이 없는, 사라와 하갈 이야기에 대한 바울의 재해석을 마주해야 한다.

4:21-31

바울은 창세기의 사라와 하갈 이야기를 아찔할 정도로 특이하게 해석한다. 이 해석은 율법과 약속을 인위적으로 분리한 3:15-29에 기반을 두고 있으나, 몇 가지 특이한 점이 이 본문의 해석을 어렵게 만든다. 여기에서 바울은 창세기에 없는 내용을 넣거나(4:25, 30 참조), 유대인에게 당연한 신념을 철저히 거부하며(현재의 예루살렘이 노예 상태에 있다!), 30절에서 "상속을 받을 수 없을 것"이라는 저주를 한다(5:21에서 "하나님나라를 상속받지 못한다"는 선언과 언어적으로 이어지기 때문에 저주로 볼 수 있다).

갈라디아의 독자/청자가 자신의 논리를 따라가기 어려울 것을 충분히 숙지한 바울은 이 이야기를 "알레고리적으로"(무언가를 말하되 다른 것으로 말하는 방식) 이해해야만 한다고 해석의 전제를 천명한다. 그럼에도 불구하고 여전히 이 해석은 이해하기 어렵다. 갈라디아서 연구자들 사이에 어떤 합의점도 없다는 사실은 다수가 납득할 만한 주해를 얻기란 불가능함을 말한다. 이방인인 갈라디아인들 역시 바울의 사라와 하갈 이야기 재해석을 이해하지 못했을 것이다. 그럼에도 불구하고 우리는 이 본문의 요지와 바울의 주장에 담긴 목적을 알 수 있다. 이해를 돕기 위해 먼저 본문을 직역해 보자.

> 21여러분은 나에게 말해 보십시오, 율법 아래 있고자 하
> 는 이들이여! 여러분은 율법을 듣지 않습니까? 22왜냐하
> 면 기록되어 있기를, 아브라함은 두 아들을 가지고 있었
> 습니다. 하나는 젊은 여자 노예에게서, 다른 하나는 자유
> 로운 여자에게서. 23젊은 여자 노예에게서 [난] 아들은 육
> 肉을 따라, 자유로운 여자에게서 [난] 아들은 약속을 통해
> 서 태어났습니다. 24이것들은 알레고리적으로 말해졌습니
> 다. 왜냐하면 이 여자들은 두 언약이기 때문입니다. 한 여
> 자는 시내산으로부터 노예가 되기 위한 자식을 낳았는데,
> 이 여자가 하갈입니다. 25하갈은 아라비아에 있는 시내산
> 이고, 현재의 예루살렘에 상응하는데, 그 자녀들과 함께

노예로 살고 있기 때문입니다. 26그러나 위에 있는 예루살
렘은 자유롭고, 그는 우리 어머니입니다. 27왜냐하면 기록
되어 있기를, "기뻐하여라, 아이를 낳을 수 없는 여자여!
터뜨려 외쳐라, 해산의 고통을 겪지 않은 여자여! 왜냐하
면 광야의[5] 자녀들이 남편을 가진 여자의 자녀들보다 훨
씬 많기 때문이다." 28형제들이여, 여러분은 이삭을 따른
약속의 자녀들입니다. 29그러나 예전에 육을 따라 태어난
자가 영을 따라 태어난 자를 박해한 것처럼, 현재도 그와
마찬가지입니다. 30그러나 성경은 무엇을 말합니까? "젊
은 여자 노예와 그 아들을 내쫓아라. 실상 젊은 여자 노예
의 아들이 자유로운 여자의 아들과 절대로 함께 상속받을
수 없을 것이다." 31그러므로, 형제들이여, 우리는 젊은 여
자 노예의 자녀가 아니라 자유로운 여자의 자녀입니다.

세밀히 살펴보면, 창세기에 나오는 하갈과 사라 이야기와 바울의 말은 상당한 차이를 보인다. 우선 칠십인역 창세기에서 하갈은 "파이디스케(παιδίσκη)", 즉 어린 여성 노예로 언급되는 반면, 사라는 "자유인 신분의 여자(ἡ

---

5 남편이 버린 여자의, 홀로 있는 여자의

ἐλευθέρα)"로 지칭되지 않는다. 자유인 신분과 노예라는 대조가 창세기 본문 자체에서 관심을 쏟는 요소가 아니라는 말이다. 바울 자신이 창세기 본문을 자기 목적에 맞게 재해석하면서 자신의 관심사를 삽입한 것이다.[6]

또한 창세기에서는 하갈이 시내산과 어떤 연관이 있는지 전혀 언급하지 않는 반면, 바울은 '하갈이 시내산'이라고 단언한다. 하갈 이야기는 아브라함과 하나님이 맺은 언약 이야기 안에 있는데, 바울은 아브라함 이야기와 시내산 언약 이야기 사이의 시간을 훌쩍 뛰어넘어 둘을 연결한다. 유대인이라면 받아들이기 어려운 시내산 언약의 폄훼(시내산 언약=여자 노예)를 그는 거침없이 말한다. 하갈을 '현재(바울 당시) 존재하는 예루살렘'과 같다고 말한 본문은 바울 이전 어떤 문헌에서도 찾을 수 없다. 예루살렘에 있는(있던) 거짓 형제들의 강요와 게바를 위선으로 이끈 "야고보에게서 온 어떤 이들"에 대한 이야기로 이미 바울은 예루살렘을 부정적인 이미지로 묘사했다. '하갈이 현재의 예루살렘과 같고 이 예루살렘이 노예의 상황에 있다'는 말은

6 Richard Hays, *Echoes of Scripture in the Letters of Paul*(New Haven: Yale University Press, 1989), 113.

논리적 근거와 경험적 근거가 미비하지만, 청중에게 충격을 주기에는 충분한 단언이다. 바울의 사라와 하갈 해석이 갈라디아서 전반에 흐르는 감정에 호소하는 설득 노력 안에 있음을 잊지 말아야 한다. 이스마엘이 이삭을 핍박했다는 기록도 바울 이전의 유대 문헌에는 없다.[7] 창세기 21:9에는 단지 이스마엘이 이삭과 '놀았다(παίζω)'는 언급만 있다.

바울은 본문의 단순한 스토리에 몇 가지 알레고리의 겹을 쌓으며 이해하기 어려운 논증을 편다. 그의 재해석에는 구멍이 숭숭 뚫려 있다. 갈라디아 예수 따르미들도 바울이 말하는 맥락과 요지를 거의 이해하지 못했을 것이다. 바울도 이를 알고 있었을 것이 분명하다. 그렇다면 우리에게 필요한 질문은 이것이다. '왜 바울은 이렇게 이해하기 어렵고 설득력 없어 보이는 사라와 하갈 이야기 해석을 이 편지에 썼을까?' 여기에서 학자들의 복잡한 해석을 요약해 소개하기보다는 내 나름의 해석을 제시하되 바울의 '다

---

7 이스마엘이 이삭에게 적대적이었다는 내용이 있는 후기의 유대 문헌에 대해서는 다음 자료를 참고하라. J. Louis Martyn, *Galatians: A New Translation with Introduction and Commentary*, Anchor Bible(New York: Doubleday, 1997), 444, 각주 155를 보라.

시 이야기하기'가 지닌 의도와 더불어 설득에 관련된 기능에 특히 주목하고자 한다.

바울은 4:21에서 사라와 하갈 이야기 재해석의 청자를 "율법 아래 있기 원하는 사람들"로 한정한다. 그들은 율법이 말하는 바를 제대로 '듣지' 못하고 있다. 여기에서 '듣다(ἀκούω)'라는 동사는 율법과 함께 쓰일 때 '순종하다' 혹은 '이해하다'의 의미를 가질 수 있다. 그의 대적자들과 '율법의 행위들'을 받아들이는 갈라디아인들이 율법을 제대로 이해하지 못하고 있다는 비난으로 볼 수 있다. 바울의 급진적 해석은 노예와 자유인이라는 대조를 골격으로 하고, 이 대조는 육체와 약속의 대립 관계로 이어진다. 재미있는 사실은, 바울은 창세기 16:1-16과 17:15-22에 나와 있는 이야기를 다루고 있는데, 정작 그 두 본문 사이에 있는, 하나님께서 아브라함에게 주신 할례 명령(창 17:1-14)은 마치 존재하지 않는 것처럼 아무 언급도 하지 않는 것이다. 하나님의 명령이었는데도 말이다! 매우 작위적인 성서 해석 같지만, 2장과 3장을 다룰 때 말했듯이 '내 목적과 이익에 적합한' 해석을 가능한 한 다 끌어다 사용하고, 심지어 문서에 없는 내용까지 추가하면서도, '내 이익에 반하는 본문'은 언급하지 않는 모습은 그리스-로마 세계의 사람들과 고대 유대인들의 문헌 해석에서 자주 볼 수 있다.

알레고리라는 문학 기법은 그리스-로마 시대에 널리 알려지고 사용되었다. 이 본문의 알레고리적 성격을 다룰 때 학자들 사이에서 거의 논의되지 않은 점이 있다. 바로 알레고리가 청자에게 미치는 영향이다. 구멍이 많은 바울의 '다시 이야기하기'는 사실 그리스-로마 시대의 수사학자들이 알레고리의 장점으로 꼽은 요소를 가지고 있다. 키케로Cicero는 "명확한 것들을 뛰어넘으며 말이 안 될 정도의 억지스러운 것들을 택하는 것"이 청중으로 하여금 더욱 이야기에 집중하게 만들 뿐 아니라 그들의 감정과 상상력을 자극한다고 말했다(*de oratore*, 3.160). 이렇게 구멍을 메우도록 청중의 상상력을 북돋우면 청중은 즐거움이나 두려움을 느끼게 된다. 데메트리우스Demetrius는 알레고리가 특히 청중에게 '위협'을 가할 때 유용하다는 점을 지적했다(*On Style*, 99). 해석의 여지가 열려 있어 두려움이나 경외심을 불러일으킬 수 있기 때문이다.[8] 할례를 비롯

---

8 더 자세한 논의는 다음 논문을 참고하라. Seon Yong Kim, "The Pauline Gospel Protected with a Curse: An Investigation of the Curse Motifs in Galatians" (Ph.D. diss., University of Chicago, 2016), 247-254.

한 '율법의 행위들'을 받아들이는 사람들에게 미치는 저주와 정죄에 대해 바울은 이미 여러 번 말했다. 그리고 5:4에서도 바울은 극단적 표현을 써서 '그리스도와의 연합이 취소됨', 즉 칭의와 구원의 상실(저주)을 다시금 명확하게 이야기할 것이다. 바울의 이 편지가 갈라디아 예수 따르미들 앞에서 여러 번 낭독되었을 것이 분명하기 때문에 할례와 '율법의 저주' 사이의 연결은 그들의 뇌리에 깊이 남았을 것이다. 따라서 바울의 알레고리 사용은 지금껏 우리가 관찰해온, 반복되는 저주 모티프와 두려움을 자극하는 설득의 기술 사용과 일맥상통하며, 바로 그 맥락 안에서만 설득력을 얻을 수 있다.

30절을 눈여겨보아야 한다. '유대인들이 성스럽게 여긴 문서'가 갈라디아 교인들에게 직접 명령한다. 바울이 창세기 본문을 의도적으로 수정한 결과이다. 칠십인역 창세기 21:10은 사실 사라의 말을 담고 있다. 그러나 바울은 이 청유의 발화자가 사라임을 말하지 않고 "성스러운 문서(경전, ἡ γραφή)"가 명령했다고 말한다.

> 30 그러나 경전은 무엇을 말합니까? "젊은 여자 노예와 그 아들을 내쫓아라. 실상 젊은 여자 노예의 아들이 자유로

운 여자의 아들과 절대로 함께 상속받을 수 없을 것이다."

수수께끼 같은 알레고리적 해석이 목표로 하는 것은 바로 이 명령이다. 약속에 따라 아들을 낳은 사라와 약속의 실현인 복음을 통해 갈라디아인을 '낳은 어머니' 바울 사이의 유사성도 놓칠 수 없다. 새롭고 진정한 생명의 탄생은 하나님의 약속을 통해서만 가능하다. 율법은 '살게 하는 능력'을 가지고 있지 않다(3:21). '위에 있는 예루살렘'이라는 난해한 표현 역시 신자들의 정체성이 하나님 존재 자체와 그분의 행동에 달려 있음을 강조한 것으로 이해하는 것이 좋다. 결국 갈라디아인들에게 할례를 강요하면서 그들을 종으로 만들려는 바울의 적대자들과 그 동조자들을 공동체에서 쫓아내라는 매우 강력한 권고인 셈이다. 무려 '성서'의 명령이기 때문에 더욱 그러하다.

자신들의 정체성을 바로 깨닫고 더 이상 신이 아닌 것들에 노예 노릇 하는 것을 그만두기 위해서 가장 먼저 해야 할 것은 '박해하는 이들'을 공동체에서 내쫓는 일이다. 갈라디아인은 자유인의 신분을 지녔으나 '박해'를 당하고 있다는 사실을 깨달아야 한다고 바울은 말한다. 이러한 일을 하게끔 유도하는 바울의 설득력은 부분적으로 청중의 두려움과 분노라는 감정을 자극하는 데서 온다. 종노릇하는 것처럼 수치스러운 일은 없다. 박해당하는 것은 부당하고 억울한 일이다. 하나님의 자녀이자 자유로운 신분의 소유자라는 정체성은 지고의 명예이다. 늘 그렇듯 사람은 자신의 정체성을 망각하기 쉬우므로 바울은 기억을 되살리며 '자신이 누구인지를 깨닫고 그렇게 살라Be what you already are!'고 권고한다.

4장 후반부의 난해한 성서 이야기 재해석은 5:1을 향한다. "자유를 위해[누리도록] 그리스도께서 우리를 자유롭게 하셨습니다. 그러므로 굳건히 서서 다시는 노예의 멍에를 메지 마십시오."

갈라디아서 5장

신자의 정체성과 윤리,
그 불가분의 관계

전통적으로 갈라디아서 5장과 6장은 1-4장의 신학적 논증과 분명히 구분되는 윤리적 권면으로 여겨졌다. 그러나 최근 갈라디아서 연구자들은 이 두 부분이 긴밀하게 연결되어 있다고 본다.[1] 다시 말해, 1-4장의 농도 짙은 신학적 서술이 5-6장의 윤리 지침에 토대를 제공하고, 이 윤리 지침은 신학적 사실을 실제적인 삶 가운데 구현하는 것이라고 할 수 있다. 그리스도인의 일상적 삶은 복음을 통해 변화된 자신의 정체성을 다른 사람이 쉽게 알아볼 수 있을 정도로 공적으로 표현되는 것이다.

5:1-10

갈라디아서 5:1은 바로 전 단락의 결론이자 새로운 권면을 시작하는 이중의 기능을 수행한다. 첫 두 절(5:1-2)은 할례

1 선두적 연구로는 John M. G. Barclay, *Obeying the Truth: A Study of Paul's Ethics in Galatians*(Edinburgh: T&T Clark, 1988)가 있다.

와 노예를 연결한 이전의 논증을 더 강화한다. 재미있게도 여기에서 바울은 '그리스도-사건'의 의의를 이익과 유용함이라는 측면에서 풀이한다.

[2]여러분이 할례를 받는다면, 그리스도는 여러분에게 어떠한 유익도 주지 못할 것입니다.

바울이 살던 시대에 '유익'이라는 단어는 보통 신중하게 생각하고 미래를 위해 결정하는 것과 연관되어 사용되었다.[2] 그러므로 5:2은 갈라디아의 예수 따르미들에게 심사숙고하고 유용한 선택을 하라는 권면의 효과를 가진다. 2:21에서 한 말과 기본적으로 같은 내용이다. "나는 하나님의 은혜를 무효로 만들지 않습니다. 의로움이 율법으로 [나온다면] 그리스도께서는 헛되이 죽으셨습니다"(2:21). 유익, 그것도 그리스도가 주시는 유익을 제 것으로 만들지 못하는 행동은 어리석다.

이어지는 3-4절에서 바울은 할례를 포함한 율법의 행

---

2 수사학에서는 이러한 연설을 '숙의적 수사'(deliberative rhetoric)라고 말한다. 이를 '정책 연설'이라고 번역해도 좋다.

위들을 받아들이려는 갈라디아인의 마음을 돌리기 위해 점층법을 사용한다. 먼저 바울은 할례받는 사람은 율법을 전체적으로 준행해야 할 의무가 있다면서 한껏 부담감을 준 다음, 4절에서는 무시무시한 경고를 덧붙여 청자를 극도로 두렵고 부담스럽게 만든다.

> 3할례받는 각 사람 모두에게 다시 내가 확실하게 말합니다. 할례받는 이는 율법 전체를 지킬 의무가 있는 사람입니다. 4여러분 중 누구든지 율법으로 의롭다고 간주받으려는 사람은 그리스도에게서 분리되었고, 은혜로부터 떨어져 나갔습니다.

우선 3절에서 "~할 의무가 있는 사람(ὀφειλέτης, 오페이레테스)"[3]이라는 단어가 2절의 중요 단어인 "유익을 주실 것이다(ὠφελήσει, 오페레세이)"와 거의 같은 소리로 발음된다는 점을 지적하고 싶다. 안타깝게도 우리말 번역으로는 이러한 말놀이를 이용한 바울의 논증을 효과적으로 드러낼 수 없다. 바울은 유익과 의무 중 하나를 골라야 하는

3 '오피이레테스'에 가깝게 발음한다.

쉬운 선택지를 갈라디아인 앞에 제시하고 있다. 두 단어는 발음은 비슷하지만, 그 의미는 정반대이다. 바울 당시 유대인들은 율법을 완벽하게 지켜야만 새로 오는 세상에 들어갈 수 있다고 믿지 않았다. 그러나 바울은 3절에서 이방인인 갈라디아인에게 부담을 주기 위해 할례를 받으면 율법 전체를 지켜야만 한다고 말하면서, 3:10의 '저주'를 상기시킨다.

이러한 설득기술은 4절에서 더욱 강화된다. "여러분 중 누구든지 율법으로 의롭다고 간주받으려는 사람은 (이미) 그리스도에게서 분리되었고, 은혜로부터 떨어져 나갔습니다"라는 단언은 복음이 가져다준 최고의 유익인 그리스도와의 연합이 취소되었다는 말과 같다. 문장을 섬세하게 살펴보자. 율법으로 의롭다고 여김을 받으려고 "시도한(ἐν νόμῳ δικαιοῦσθε)" 사람은 이미 그리스도에게서 "분리되었다(κατηργήθητε ἀπὸ Χριστοῦ)." 여기에서 현재시제 동사 '디카이우스테(δικαιοῦσθε)'는 시작이나 시도를 표현하고, 결과절의 부정과거 시제는 이미 일어난 일이나 항상 일어나는(그래서 미래의 결과까지도 포함하는) 일을 나타낸다. 시도하는 것만으로도 엄청나게 부정적인 결과가 생긴다! 굉장히 무서운 선언이다.[41] 갈라디아 청중은 이 말을 들었을 때 갈라디아서 1:8-9의 조건부 저주(ἀνάθεμα, 아나테마)를 떠올렸을 것이다. 그리스도와의 분리가 저주와 같다는 사실은 로마서 9:3을 보면 알 수 있다. 갈라디아서 1:8-9에 나온 '저주(ἀνάθεμα)'와 5:4의 '그리스도로부터(ἀπὸ Χριστοῦ)'라는 표현이 다음 구절에 함께 등장하고 있음을 주목하라.

> 나는 육신에 따라 내 동족인 나의 형제들을 위해서 그리스도로부터 떨어져(ἀπὸ τοῦ Χριστοῦ) 저주(ἀνάθεμα)받길 기원합니다(롬 9:3).

또한 그들은 하나님이 은혜로 갈라디아인을 부르셨음을 떠올렸을 것이다(1:6). 따라서 은혜에서 떨어져 나간 상황은 하나님과 분리되고 그분의 부르심에서 이탈한 상태

---

4 필자는 갈라디아서 5장 4절이 구약의 'kārēt' 형벌, 즉 언약공동체에서 끊어지는 벌(창 17:14 참고)을 연상시킨다고 주장했다. Seon Yong Kim, "Paul and the Stoic Theory of οἰκείωσις: A Response to Troels Engberg-Pedersen", *Novum Testamentum* 58.1(2016): 90-91, 각주 66. 또한 'kārēt' 형벌에 대해서는 다음 연구를 참고하면 좋다. Jacob Milgrom, *Leviticus 1-16: A New Translation with Introduction and Commentary*, Anchor Bible(New York: Doubleday, 1991), 459-460.

이다. 복음 안에서 받은 복이 모두 취소된 것이다. '한 번 받은 구원은 취소될 수 없다'는 대중적 교리와 상당히 거리가 있는 말이다. '교리의 더께를 벗겨 내면' 바울의 목소리가 제대로 들릴 때가 있다. 바울은 여기에서 어떤 위협적인 제스처를 취하는 것이 아니다. 그는 '그리스도와의 합체'가 취소될 수 있다고 분명히 말한다. 단어를 살짝 바꾸면서 두 번이나 강조한다!("그리스도로부터 분리됨"과 "은혜에서 떨어짐")

이제 5:5에서 바울은 "의에 대한 소망"이라는 표현을 사용하여 '의롭다고 간주됨'을 미래의 지평에 놓는다. 칭의가 미래에 있을 것이라는 선언은 바로 앞 구절의 경고를 더욱 돋보이게 한다. 칭의는 현재가 아닌 미래에 있고, 따라서 그러한 미래에 이르기까지 '그리스도에게서 분리'될 가능성은 상존한다. 꼼꼼한 청자/독자라면 5:2의 논증, 즉 그리스도가 주시는 유익을 고스란히 받고 누리라는 청유와 5:4의 저주로 들리는 문구 사이에 큰 간격을 느낄 것이다. 갈라디아서에서 바울이 이방인 남자 예수 따르미는 할례받을 필요가 없다고 말하는 것처럼 보일 때가 종종 있지만, 실제 그가 힘주어 말하는 부분에 주목하면 '이방인 남성 신자는 할례받아서는 절대 안 된다'는 주장을 견지한다. 최소한 갈라디아서에서는 그렇다. 바울이 'must not'을 강조하기 위해 개진하는 논증은 사실 탄탄하지 않다. 앞에서도 말했듯 단언에 가깝다. 하지만 갈라디아인들을 심란하게 할 만한 선언이다. 그동안 바울이 저주 모티프를 촘촘하게 쌓아 놓았기 때문이다. 바울이 전한 복음과 다른 복음을 전하는 사람에게 저주를 선언한 1:8-9과 연결된다. 바울은 자신의 복음이 절대 침해되어서는 안 된다고 말했다.

5:5에서 놓치지 말아야 할 점이 또 하나 있다. 바울은 이렇게 말한다. "우리 자신은 영으로, 피스티스(신실함, 믿음, 순종)로부터, 의로움에 대한 소망을 간절히 기다립니다." 의로움을 기다리는 시간은 '영'과 '피스티스'로 채워진다. 여기에서 '영'이 '피스티스'보다 먼저 등장했음을 주목하라. "영으로"라는 표현은 'πνεύματι'를 번역한 것이다. 버릇대로 바울은 여기에서 중요한 문구 하나를 툭 던져 놓고 더 이상 발전시키지 않다가, 한참 뒤인 16절에 가서야 이 중요한 문구로 돌아온다. 16절을 설명할 때 이 문구의 의미를 자세히 짚으려 한다.

5:6은 갈라디아서 전체의 내용을 압축해 담고 있다. 할례를 받지 말아야 한다는 말을 이미 했기 때문에 할례받는

것이 아무 효력이 없다는 결론은 쉽게 가능하다. 이 구절에서 흥미로운 점은 '할례받지 않는 것도 그리스도 안에서 아무 효력이 없다'고 하는 주장이다. '바울에 관한 새 관점'은 바로 이 지점에서 곤경에 빠진다. '새 관점' 학자들은 바울이 '율법의 행위들'에 반대한 이유를 유대민족 중심주의 혹은 유대인 언약 우월의식에서 찾기 때문이다. 할례받지 않는 것도 의미 없다는 바울의 선언은 유대민족 중심주의에 대한 비판에서 도출될 수 없다.

이 구절은 3:26과 형식과 내용이 유사하다. 3:26은 기존 사회가 만들어 놓은 구분(구분은 늘 가치 체계를 동반한다)이 그리스도 안에서 아무런 의미가 없다고 선언한다. 이러한 측면에서 보자면 할례나 무할례 모두 '새 관점 학파'처럼 민족적 가치로 환원해서 해석하기보다는 인간이 구축한 가치 체계로 보는 것이 좋을 것이다.[5] 이러한 기존 가치 체계의 철저한 부정은, 당시 스토아 철학에서도 볼 수 있듯, 지고至高의 가치가 뚜렷할 때 가능하다. 최고의 가치는 그 외의 모든 가치를 상대화한다. 바울은 이 지고의 가치를 "사랑을 통해 효력을 드러내는 피스티스"라고 말한다.

5 존 바클레이, 《바울과 선물》(송일 옮김, 서울: 새물결플러스, 2019), 664-665.

신앙과 행위는 일치해야 한다. 믿음에 부응하는 행동만이 지고의 가치를 지닌다. 바울은 선한 행위 일반을 가리키지 않고 '사랑'이라는 행위를 특정해 부각한다. '그리스도-사건'이 자신을 내어 주신 예수의 사랑이자 하나님의 사랑의 표현이라면(1:4, 2:20), 이 사랑을 받은 신자가 사랑으로 자신의 정체성을 드러내는 것은 너무나 당연하다.

앞에서 '피스티스'가 순종을 의미할 수도 있다고 말했다. 5:7은 "진리에 순종함"을 말한다. 진리에 순종하는 것이 예수 따르미가 삶으로 구현해야 할 모습인데(안디옥 사건에서 게바가 복음의 진리를 향해 바르게 걷지 않았다고 바울이 책망한 것을 기억하라), 바울의 적대자들은 갈라디아인이 진리에 순종하는 것을 방해했다. 그리스도인이 행해야 할 핵심을 방해했으니 이 적대자들은 심판을 받아 마땅하다. 이것이 5:8-10에서 바울이 하는 말이다.

바울은 이미 하나님을 '부르시는 분'으로 표현했다(1:6). 적대자들이 갈라디아인의 마음을 휘저어 놓은 것은 "여러분을 부르신" 하나님이 승인한 행위가 아니다(5:8). 보통 '하나님이 보내시지 않은 자'라는 표현은 히브리 성서에서 거짓 선지자를 가리킬 때 나온다. 구약에 익숙한 갈라디아인이 있었다면 이러한 뉘앙스를 놓치지 않았을 것이다. 할례받으라고 강요한 이들은 거짓 선지자이고, 바울은 하나님이 태중에서 이미 구별해 두신(1:15) 예레미야 같은 참 선지자(렘 1:5 참고)이다. 당연히 참 선지자의 말을 들어야 한다.

이러한 거짓 선지자들에 대해 바울은 대단히 과격한 조롱과 비난을 퍼붓는다. "그들이 [그렇게 할례가 좋다면 단지 생식기 포피가 아니라] 아예 자신들의 생식기 전체를 잘라버리면 좋겠소이다!"(5:12)

5:13-26

5:1이 4장의 끝마무리를 다시 명확하게 했다면, 5:13은 '부르심'과 '자유'라는 단어를 사용함으로써 앞의 논증 전체와 이 단락과의 관계를 단단하게 엮는 역할을 한다. 하나님의 부르심을 "그토록 빨리 저버린"(1:6) 갈라디아인들의 결정은 하나님의 부르심이 그들을 진정한 자유로 이끈다는 점을 놓치는 결과를 낳았다. 이는 노예의 삶으로 돌아가는 것이다(3:24-25, 4:9, 22-31).

5:13의 내용 중 현대 독자들의 피부에 확 와닿지 않는 것이 있다. 바울이 살던 시대는 명예의 획득과 유지가 오늘날 21세기 사회의 돈에 맞먹는, 가치 추구의 대상이었

다. 바울은 명예라는 당시 최고의 가치에 도전하며 그것을 해체하고 완전히 새롭게 정의한다. 모두 그리스도의 선물이라는 최고의 가치 덕분에 가능한 일이다. "여러분 자신은 자유로움에 이르도록 부르심을 받았습니다. 형제들이여! 오직 그 자유를 육신을 위한 기회로 삼지 말고 오히려 사랑에 바탕을 두고 **서로 노예 노릇 하며 사십시오**"(5:13). 노예는 당시 가장 수치스러운 신분, 즉 명예와 대척점에 있는 것인데, 바울은 하나님의 자녀이자 아브라함의 (진정한) 후손이라는 최고의 명예를 획득한 갈라디아인에게 노예 노릇 하라고 권면한다! 당시 사람들이 듣기에는 너무나 거북하고 충격적인 가르침이었을 것이다. 이러한 사회 전복적 삶에 대한 가르침이 오늘날 그리스도인들에게 그 충격량을 잃었다는 사실이 애통하다.

바울은 갈라디아서 2-4장에서 주로 복음을 통해 새롭게 형성된 신자의 정체성을 다루었고, 이제부터는 그 정체성이 개인의 삶과 공동체 안에서 구체적으로 어떻게 발현되어야 하는가를 말한다. 자유로운 사람이자 아브라함의 자녀라는 정체성은 자연스레 삶의 모습에서 나타나기 마련이다. 마치 빛이 그 본성상 외부로 발할 수밖에 없는 것처럼, 신자의 믿음은 그 사람의 행동과 타인과의 관계 속에서 그 모습을 드러낼 수밖에 없다. 새로운 정체성에 필연적으로 수반되는 삶의 방식을 바울이 '사랑'으로 압축해 표현했음을 우리는 이미 보았다(5:6). '사랑'이라는 주제는 압도적인 비중으로 강조된다. 6절에서 시작해 13절과 14절까지 반복해 등장한다.

그렇다면 바울이 말하는 '사랑'은 대체 무엇일까? 사랑은 현대 그리스도인들에게 너무 많이 사용되면서 본질을 잃어버린 대표적인 단어라고 볼 수 있다. 사랑이 무엇일까? 15절 이하를 보면, '육신에서 기인하는 일체의 행동'에서 멀어지는 것이라고 할 수 있다. 여기에서 우리는 다시 '육신'이라는 말이 무슨 뜻인지 알아야 한다. 다양한 해석이 있으나, 인간의 악한 성향, 관계 파괴적 경향을 말한다고 보면 된다. 이는 '육신의 일들'이라는 5:19-21의 목록을 보면 분명하게 알 수 있다. 성적 문란, 더러움, 방탕함, 우상숭배, 주술, 적대감, 분탕질, 시기심, 분노, 반목, 분쟁, 파당 짓기, 질투, 만취, 흥청망청함 등과 같은 일은 개인 자신을 부끄럽게 하고 해롭게 할 뿐만 아니라 타인과의 관계를 어그러뜨린다. 이와 정반대로 사는 삶은 '당신의 이웃을 당신 자신만큼 사랑'하는 것이다. 인간의 이기심보다 강한 것도 찾기 어렵다. 이기심의 강렬함을 방불케 할 만큼 열정적으로 타인을 위한 마음을 가지고 행동하라는 말이다.

결국 바울이 말하는 "사랑으로 효력을 드러내는 피스티스"(5:6)는 타인에게 종노릇하면서 자신의 자유를 스스로 제한하고(5:13), 자신을 아끼는 만큼 타인을 아끼며(5:14), 육신의 열매를 맺지 않도록 노력하는 것이다(5:19-20). 그저 '바른 생활'을 하라는 지침이 아니라는 사실을 명심해야 한다. 육신의 일들을 하면 '하나님나라'를 상속받지 못한다!(5:21) 다시 말해 구원받지 못한다. 무시무시한 말이다. 이신칭의로 유명해진 갈라디아서 2:16만큼 우리는 5:21을 마음에 새기고 늘 떠올려야 한다. 한쪽으로 치우친 추를 되돌리려면 5:21의 내용을 지나치다 싶을 정도로 강조해야 할 것이다.

단순히 이러한 육신의 일들을 행하지 않는 것만으로는 부족하다. 어떻게 살아야 '하나님나라'를 상속받을 수 있을까? 바로 '영의 일들'을 해야 한다. 5장의 많은 문장이 명령법으로 표현되어 있다. 5:5을 해설할 때 '영으로'라는 단어에 주목해야 한다고 말했다. 5:16부터 바울은 '영으로(πνεύματι)'라는 단어를 빈번하게 사용한다. "영으로 걸어가는(살아가는)" 삶이 참 인간이 영위해야 할 삶이다.

5:16에서 눈여겨보아야 할 또 다른 단어는 '욕망(ἐπιθυμία)'이다. 오늘날 개신교 강단에서 자주 다루어지지 않는 주제이나, 바울에게 욕망의 제어는 굉장히 중요한 문제였다. 욕망은 5:13의 '육신의 기회'라는 표현을 연상시킨다. 16-18절은 로마서 7:7-15을 떠올리게 한다. 하지만 좀 더 면밀히 읽으면 바울의 의도가 이도 저도 못하는 상태를 신자의 현주소라고 말하는 게 아니라는 점을 알 수 있다. "영에 이끌린다면"(5:18) 영의 열매를 맺게 되고, 이 영의 열매들 안에 "자기 통제"가 있으므로(5:23) 육신이 "욕망하는" 것(5:17)을 제어할 수 있다. 이러한 신자의 상태를 바울은 로마서 8:13-15에서 더 명확하게 설명한다.

> 13실상 만일 여러분이 육을 따라 살면 [분명] 죽을 것입니다. 그러나 만일 영으로 몸의 행실들을 죽이면 여러분은 살 것입니다. 14왜냐하면 누구든지 하나님의 영에 이끌리는 사람들, 이런 이들은 하나님의 아들들입니다. 15왜냐하면 여러분은 또다시 두려움에 이르게 하는 노예의 영을 받은 것이 아니라 입양의 영을 받았기 때문이며, 이 영 안에서 우리는 "압바, 아버지!" 하고 부르짖습니다.

위의 구절을 보면 바울은 입양의 영을 받아 하나님의 자녀가 된 신자의 정체성을 '영에 의해(πνεύματι) 인도되는' 삶과 연결한다. 이러한 토대 아래 그는 "영으로 몸의 행실들을 죽이면 여러분은 살 것이다"라고 권면한다. 갈라디아서 본문도 이와 비슷한 논리를 보여 준다. 영에 이끌려 살아가는 것이 신자의 현주소이기 때문에 바울은 13절과 16절에서 명령법을 사용한다. 5:24-25을 자세히 들여다보면 이 주제에 대한 더 깊은 통찰을 얻을 수 있다.

24절에서 바울은 다음과 같은 신학적 사실을 천명한다. "그리스도에게 속한 사람들은 자신의 육신을 정욕들과 욕망들과 함께 십자가에 달아 처형했습니다." 직관적으로 와닿지 않지만, 바울은 신자들의 정욕과 욕망이 이미 십자가형을 받아 처형당했다고 한다. 욕망의 제어가 가능하게 되었다는 말이다. 십자가 처형이라는 주제는 2:19과 3:12에 이미 나온 적이 있다. 그리스도와 함께 십자가 처형을 당한 신자는(2:19) 그리스도와 연합되었고(2:20), 그리스도와의 연합은 정욕과 욕망을 십자가에 못박아 죽이는 데까지 나아간다. 그리스도 안에서 새로 만들어진 인간은 욕망을 죽이는 열매를 맺는다. 신앙과 행동은 하나다. 그러나 신자가 손 놓고 있으면 이러한 욕망의 제어를 실현할 수 없다. 다음 구절은 이러한 현실을 절묘하게 표현한다.

> 25 우리가 영으로(πνεύματι) 살아간다면, 영에게 또한 맞추어 삽시다.

간단해 보이는 이 구절은 뜯어보면 오묘한 구석이 있다. 먼저 조건절은 '우리' 그리스도인의 삶의 현재 상황을 말한다. 우리는 영 덕분에 삶을 살아간다. 이 문장의 앞부분을 구성하는 조건절은 "우리가 영에 의해 살아가므로"라고 번역할 수 있다. 그런데 이 조건절에 이어지는 귀결절은 권유의 형태를 띤다. "우리(의 삶을) 영에 맞춥시다!" 4장까지 바울은 많은 문장을 할애하여 '그리스도-사건'을 통해 새로운 정체성을 얻게 된 신학적 사실을 자세히 설명했다. 우리 안에 하나님께서 당신 아들의 영을 보내셔서 '압바 아버지'라고 부르게 되었다는 구절을 상기해 보자. 영으로 우리는 하나님의 자녀라는 정체성을 가지게 되었다. 그러므로 우리가 영으로 살아간다는 것은 사실기술事實記述이다.

문제는 이어지는 권유형 문장이다. 신자의 이러한 실존이 신학적 사실이라면 굳이 동어반복 같은 내용을 권유형으로 덧붙이는 게 좀 어색하다. 즉, 이미 영으로 살아가고 있는 이에게 영에 맞추어 살아가자고 청유할 이유는 없다. 애써 문제를 만들어 내는 것처럼 보일 수도 있으나, 사실 이 구절은 많은 신약학자를 고민에 빠뜨렸다. 학문적 표현으로 바꿔 쓰면, 이 이슈는 '직설법과 명령법 사이의 긴장' 혹은 '신학과 윤리 사이의 관계 문제'라고 할 수 있다.[6] 영어로 'is'와 'ought'의 관계라고 말하면 더 명료하다.

이것이 왜 중요한 문제일까? 우선 우리가 흔히 듣는 질문과 연결해 보자. 윤리적 행동을 할 때 어디까지가 하나님의 '덕분'이고 어디까지가 우리의 '책임'인가? 물론 이런 문제 제기는 보통 '죄책이 전적으로 인간에게 귀속되는 것이 적절한가?'라는 특별한 질문에서 유래하지만, 그래도 고민해 볼 가치가 있다. 하나님의 행위와 인간의 행위를 날카롭게 구분하는 것은 우리 머릿속에서나 가능한 일이다. 아우구스티누스와 종교개혁자들의 전통 안에서 사고하는 현대 기독교인들에게 이러한 구분은 중요한 것처럼 보이나, 바울서신이나 당대 유대 문서에서는 별로 중요

6 불트만의 유명한 연구를 보라. Rudolf Bultmann, "Das Problem der Ethik bei Paulus," *ZNW* 23(1924), 123-140.

한 이슈가 아니었다. 바울의 편지에는 후대에 부정적으로 사용된 신학 용어 '신인협력설synergism'로 보일 만한 구석이 자주 나온다.

> 두려움과 떨림을 가지고 여러분 자신의 구원을 위하여 열심히 힘쓰십시오. 하나님은 여러분 안에서 활동하시어, [하나님 자신의?] 호의를 [표현하기] 위해 [여러분의] 의지를 일으키시고 실행하게 하시는 분이기 때문입니다(빌 2:12b-13).

> 그러나 하나님의 은혜로 나는 [현재의] "나 됨"이 되었습니다. 나에게 다다른 하나님의 은혜는 텅 비게 되지 않았습니다. 나는 그들 모두보다 훨씬 더 수고를 했습니다만, 그것은 나 자신이 아니라 나와 함께 있는 하나님의 은혜가 [한 것입니다](고전 15:10).

후대에 만들어진 신학적 사고와 범주에 이미 길들여진 사람에게 이 미묘한 표현을 매끈하게 설명할 방법은 없다. 그래도 말을 조금 보태는 것이 도움이 될 것이다. 바울은 선교하면서 신자들의 행동이 그들이 새롭게 얻은 정체성에 정확하게 부응하지 않음을 자주 보았던 것 같다. 자신에게는 자연스러웠던 것이 왜 다른 이들에게서는 그렇지 않을까 고민했을 수도 있다. (이 고민은 현대 기독교 목회자들이라면 대부분 해 보았을 것이다.)

이러한 문제를 해결하기 위해 바울이 사용한 방법은 당시 철학자들도 자주 시행했던 교육법이다. 바로 중요한 진리를 명확히 다시 기술하고 상기시켜서 삶으로 표현하게끔 돕는 것이다. 복음 안에서 주어진 새로운 생명과 새로운 정체성은 신학적으로 볼 때 이미 이루어진 사실이지만, 너무 급작스럽고 세상의 이해를 뛰어넘는 것이어서 신자 자신도 충분히 깨닫고 체현하는 데 시간이 걸린다. 스스로 자신이 누구인지를 깨닫기 위해 시간과 노력이 필요한데 이것을 이미 앞서간 선배이자 목회자가 도와줄 수 있다. 아마도 이런 이유로 바울은 평서문과 명령문을 동시에 사용한 것으로 보인다. 명제적으로 더 자세히 설명하기는 어려운 영역이다. 대신, 아래 인용한 톰 라이트의 말을 여러 번 읽고 곱씹어 보길 추천한다.

> 성령이 더 많이 활동할수록 사람의 의지는 더 고무되어 모든 일을 충분하게 생각하고, 자유로운 의사 결정을 내

리며, 고된 노력으로만 얻을 수 있는 훌륭한 생활 습관을 개발하고, 반대로 나쁜 습관, 때로는 강요된 것이 명백한 죽음의 습관을 제거하게 된다. … 진정한 자유는 성령의 선물이며 … 여기서 자유란, 노예 상태에서 책임의 상태로 해방되는 것으로, 마침내 스스로 도덕적인 근육을 선택하여 훈련할 수 있게 되는 것이다. 이 과정에서 우리는 자신도 그 일을 하고 있으며 성령도 그 안에서 행하고 있음을 알게 되며, 내가 하는 그 일을 하나님 자신이 하고 계신 것이라는 사실을 알게 된다.[7]

5장 후반부부터 두드러지게 나타나는 육과 영의 대조는 5-6장이 단순한 도덕교훈 모음집이 아니라 3-4장에 기술된 신학적 논증과 긴밀하게 연결되어 있다는 증거이다. 영이 생명과 긴밀하게 연결되어 있다는 사실은, 율법은 살리는 힘이 없다는 바울의 언명(3:21)에서 충분히 유추할 수 있다. 그리스도를 통해 얻은 새로운 생명은 믿음을 바탕으로 하는 새로운 정체성을 형성하고, 이 정체성은

---

7 톰 라이트, 《톰 라이트, 칭의를 말하다》 개정판(최현만 옮김, 평택: 에클레시아북스, 2016), 288-289.

단순히 참 생명뿐만 아니라 참 생명을 얻은 사람의 새로운 삶에서 구현된다.

생명은 죽음의 극복만이 아니라 이 땅 위에서 자기 자신과의 관계 및 타인과의 관계 속에서 비로소 그 모습을 나타낸다. 구체적 모습을 가지지 못한 생명은 진정한 생명이라고 할 수 없다. 복음은 반드시 새 창조로 이어진다(6:15). 새롭게, 영에 따라, 영의 열매를 맺으며 사는 삶이 새 창조이다. 구원의 확신만으로는 새 창조가 이루어질 수 없다. 구체적으로 일상생활에서 체현되지 않는 '믿음'은 '세상에 대해 죽은' 삶(6:14)으로 연결될 수 없다. (이 측면은 다음 장에서 자세히 다룰 것이다.) 삶 속에서 타인에 대한 헌신으로 실현되지 않는 믿음은 자신의 새로운 정체성을 부인하는 것과 같다.[8]

5장에서 바울은 '율법의 행위들'이 신자의 정체성을 구성하는 필수 요소가 아니라는 것을 보여 주기 위해 모든 노력을 집중했다. 유대 율법은 하나님과의 언약이라는 커다란 틀 안에서 삶을 영위하는 구체적 지침을 담고 있다. 어떤 면에서는 율법을 지키는 것이 '바른' 삶을 살아가기

8 존 바클레이, 위의 책, 721.

위한 편한 선택일 수도 있다. 그러나 바울은 영 안에서 영의 도움으로 새로운 삶의 모습을 갖추어 살아나갈 수 있으며, 그러한 삶은 율법을 통으로 실현하는 것이라고 말한다. 영에 맞추어 살아가며 사랑으로 믿음을 구체화하는 것, 그것이 바로 믿음과 행위가 하나인 상태이다. 신자의 신앙은 다른 사람의 눈에도 보일 수 있어야 한다.[9] 그래야 비로소 새로운 정체성을 얻었다고 말할 수 있다.

---

9 Michael Wolter, *Paulus: Ein Grundriss seiner Theologie*(Neukirchen-Vluyn: Neukirchener, 2011), 315.

갈라디아서 6장

그리스도의 법과 삶의 표준,
그리고 새로운 창조

5장도 그렇지만 6장은 그다지 잘 짜인 글이 아닌 것처럼 보인다. 어느 상황에도 적용될 수 있는 교훈을 얼기설기 모아 놓은 모습이다. 하지만 앞에서 바울이 논증한 내용을 머리에 떠올리며 읽는다면 6장의 내용이 이전 논의와 긴밀한 관계에 있음을 알 수 있다. 무엇보다도 "그리스도 안에서 누리는 자유"(5:1)와 "사랑을 통해 역사하는 믿음"(5:6)이, 그리고 "사랑으로 종노릇하는 자유"(5:13)와 "이웃 사랑과 율법의 성취"(5:14)가 더 구체적인 공동체 안의 상황에서 어떤 모습을 띠게 되는가를 6장에서 보게 된다.

6:1-2

6:1을 읽을 때 그 내용이 어렵다고 생각하는 독자는 많지 않을 것 같다. 교훈의 요체가 간단하기 때문이다. 예수 따르미 모임에서 "만일 사람이 어떤 잘못에 사로잡혀 있다면" 온유함의 영을 갖추고 그 사람을 회복시키며, 권면하는 사람 자신도 그와 같은 잘못에 빠지지 말라는 말이다.

'잘못'으로 번역한 단어는 본디 '규준에서 벗어남'을 의미한다. 앞에서 나왔던 "복음의 진리에 맞추어 바르게 걷다"(2:14)와 반대의 뜻이다. 잘못을 고의적으로 하는 경우가 아니라 본의 아니게 어떤 잘못에 '사로잡히는' 수동적 뉘앙스를 풍기는 점이 흥미롭다. 그런데 여기에서 "여러분, 프뉴마스러운 사람들(ὑμεῖς οἱ πνευματικοί)"이 정확히 누구인지 알기 어렵다. "프뉴마스러운 사람들"이라는 표현이 이 편지에서 처음 등장하기 때문이다. 보통 '영적인 사람들'이라고 번역하는 이 표현은 남다른 영의 은사를 가진 사람들일 수도 있고 공동체의 질서를 규율하는 지도자의 위치에 있는 이를 가리킬 수도 있다. 그 사람들이 자칭 "프뉴마스러운 사람"이라고 했는지 아니면 바울이 이러한 표현으로 부른 것인지 분명하게 알 방법은 없다. 하지만 이전 장들에서 육과 영의 극명한 대조가 이어졌다는 점, 그리고 특히 "영에 맞추어 살면서"(5:25) 육을 십자가에 처형한 사람(5:24)에 대해 바울이 줄곧 말했다는 것을 볼 때, 그가 이렇게 '영에 이끌리는' 사람들을 "프뉴마스러운 사람들" 즉 '영적인 사람들'이라고 불렀다고 추론할 수 있다. 이 '영적인 사람들'은 "온유의 영"(영의 열매 중 하나)을 가지고 범법에 사로잡힌 사람들을 보수해야 한다. 여기에서

'보수하다(고치다)'라고 번역한 동사는 어부가 고장 난 그물을 고치는 행위를 묘사할 때도 사용된다. 고쳐서 원 상태로 되돌려 놓는 것으로 이해하면 좋다.

어떤 잘못을 지적하고 교정하는 사람이 같은 잘못을 행하는 것처럼 어리석은 일은 없다. 그렇지만 많은 사람이 이와 같은 잘못을 저지르곤 한다. 언행일치라는 주제는 이미 바울이 안디옥에서 게바를 비난하며 외식과 위선을 지적했던 것을 떠올리게 한다. 예수 따르미들은 영의 열매인 온유한 태도로 공동체 일원의 잘못을 교정하고 보수하며 "서로의 짐을 짊어지게" 된다. 노예와 그 노예의 주인이 있을 때 짐을 지는 것은 당연히 노예의 몫이다. 앞에서 "서로에게 노예 노릇을 하라"는 권면과 일치한다. 여기에서 '서로에게'라는 단어가 중요하다. 모두가 모두에게 노예이다. 세상의 질서와 전혀 다른 질서가 작동하는 곳이 그리스도인의 공동체이다. 이런 행동을 바울은 "그리스도의 법"을 이루는 것이라고 말한다. "그리스도의 법"이라는 표현의 해석은 매우 어렵지만, '법/규율의 성취'라는 표현만 보아도 대단히 의미심장한 일을 가리킴을 짐작할 수 있다. 어떤 웅대하고 영웅적인 행동이 아니라 일상에서 타인을 존중하고 그의 짐을 짊어지며 그의 안녕을 바람이 가장 중요하다는 바울의 말을 두고두고 기억할 필요가 있다.

"그리스도의 (율)법(ὁ νόμος τοῦ Χριστοῦ)"이라는 표현은 오랜 시간 학자들을 괴롭혀 왔다. 종교개혁 이후 '그리스도-사건'이 신의 온전한 은혜의 대명사로 이해되면서 율법 혹은 법이란 단어는 더욱더 부정적 의미를 지니게 되었고, 그 결과 그리스도(은혜)와 법(율법)을 함께 묶는 표현이 어색하게 느껴지게 되었다. 그러나 앞에서도 보았듯 바울은 '그리스도-사건(복음)'이 순종의 대상이라고 명확히 말했다. '그리스도-사건'은 언약과 동일한 기능과 의미를 지녔기 때문에 사소한 불순종이라도 그것 때문에 그리스도 안에서 이루어지는 하나님의 구원 행동에서 제외될 수 있다. 그렇기 때문에 그리스도와 법이라는 두 단어 사이에 극한 긴장이 있어야만 한다고 생각할 필요가 없다.

"그리스도의 법"이 학계에서 어떻게 해석되어 왔는지 최근 네덜란드의 마티너스 드 보어Martinus de Boer라는 학자가 그의 갈라디아서 주석에서 깔끔하게 정리했다. 그의 요약을 따르는 게 복잡한 해석사를 자세히 소개하는 것보다 훨씬 경제적이고 유익할 것이다. "그리스도의 법"이라는 표현은 크게 네 가지로 이해되었는데, '예수의 가르침', '이웃 사랑의 계명', '그리스도에 의해 해석되고 성취된 율법',

'그리스도의 희생적 죽음을 통해 새롭게 제정된 규범적 삶의 패턴'이 그것이다.[1] 여기에서 '법'으로 번역한 그리스어 단어는 '노모스(νόμος)'이다. '노모스'는 원리, 규칙, 관습, 법, 모세 율법 등 꽤 다양한 뜻을 지닌 단어이다.[2] 그래서 이 단어가 바울 서신에 나올 때 항상 모세 율법을 지칭하는 것인지 아니면 문맥에 따라 원리 혹은 일반적 의미의 법을 가리키는지 주의 깊게 살필 필요가 있다. 학자들은 대부분 바울이 '노모스'라는 단어를 사용하면서 여러 의미를 의도하지 않았을 것으로 보면서 모세 율법으로 해석한다.

그러나 그리스도의 법에 대해 바울이 분명하게 풀어 설명한 내용(6:2)은 의외로 놓치기 쉬우므로 주의를 기울여 읽어 보자. "다른 사람들의 짐을 여러분이 짊어지십시오. 그렇게 하면 여러분이 그리스도의 (율)법을 성취할 것입니다." 타인 사랑에 기반한 태도와 행동이 그리스도의 법의 실제 내용이라고 바울은 말한다. 앞에서 말했듯 짐을 지는 일은 노예가 했기 때문에 이 권면은 다른 사람의

1 Martinus C. de Boer, *Galatians: A Commentary*, New Testament Library (Louisville: Westminster John Knox Press, 2011), 378-379.

2 BDAG, s.v. "νόμος."

노예가 되어 그를 주인처럼 받들며 살라는 말이다(5:13 참고).[3] 이것은 "사랑을 통해 효력을 내는 믿음"(5:6)이라는 표현과 맥이 닿아 있다. 대중적 '이신칭의' 이해는 '믿음' 자체를 중시하면서 그 심리적 태도를 강조하지만, 정작 바울이 강조하는 바 '그리스도의 법과 사랑을 통해 삶 속에서 구체화되는 믿음'이라는 측면을 간과해 왔다. 믿음의 삶을 통해 구체화되는 것은 새롭게 형성된 정체성이다. 마찬가지로 이웃 사랑은 그리스도의 법을 성취하는 길이며, 믿음을 사랑으로 표현하는 것과 동의어이다. 5:14과 6:2을 나란히 놓고 보면 더 뚜렷하게 보인다.

> **5:14** 모든 **율법**(ὁ πᾶς νόμος)은 이 한 마디 말씀에서 **온전해집니다**(πεπλήρωται). "네 이웃을 네 자신처럼 사랑하라."

> **6:2** 여러분은 서로의 짐을 짊어지십시오. 그렇게 하면 여러분이 **그리스도의 율법**(ὁ νόμος τοῦ Χριστοῦ)을 **온전히 이루게 될 것입니다**(ἀναπληρώσετε).

---

3 de Boer, *Galatians*, 376.

두 구절 모두 '플레르(πληρ)'라는 어근으로 이루어진 동사와 '노모스(ὁ νόμος)'라는 단어를 가지고 있다. 일종의 평행구라고 간주해도 좋을 것이다.[4] 이런 관찰이 맞다면, 두 구절은 서로의 의미를 해석하고 보완한다. 모든 율법 규례는 '이웃 사랑'이라는 그 온전한 의미를 드러내며, 서로서로 섬기는 삶은 '그리스도의 법'을 성취하는 길이다. 여기에서 우리가 놓치지 말아야 하는 것이 있다. 그리스도 안에서 새로운 정체성과 생명을 얻은 사람은 '그리스도의 법'을 온전히 이루어야 할 의무가 있다. '그리스도-사건' 자체가 일종의 규범성을 가지고 있기 때문이다. 그리스도께서 우리를 위해 자신을 내어 주신 것처럼(1:4), 그리스도와 일체를 이루는 사람은 이러한 그리스도의 사랑을 체현해 내는 것이 당연하다. 다르게 표현하면, 그리스도인은 '그리스도의 법'에 순종하고 따라야 한다. 법은 지키라고 있는 것이기 때문이다.

이후의 여러 구절은 '예수 따르미가 공동체 안에서, 그리고 개인적인 삶에서 구체적으로 어떻게 살아가야 하는가'라는 문제에 해답을 준다. 그러나 유대 율법처럼 일상

---

4 M. de Boer, Galatians, 377.

의 세부적 사항에 대해 실제적 지침을 주지는 않는다. 커다란 방향성만 규정한다. 영에 이끌려 사는 사람은 이러한 방향성을 염두에 두고 그리스도 안에서 새롭게 된 분별력을 발휘하여 구체적 삶의 정황에서 바른 행위를 할 수 있다.

6:3-5

각 구절은 보편적으로 수긍할 만한 가르침을 담고 있다. 상식적 권면이지만 3-5절에 반복해서 나타나는 주제에 주목해야 한다. 바로 자기 자신에 대한 성찰이다.

> 3아무것도 아니면서도 스스로 대단한 사람으로 여기는 사
> 람은 자기 자신을 속입니다. 4각자 자신의 행위를 분별하
> 고 검증하십시오. 그리고 각 사람은 타인이 아니라 자기
> 자신에게만 자랑거리를 가져야 합니다. 5각자는 자신의
> 짐을 짊어져야 합니다.

이렇게 스스로 성찰하고, 과하지 않게 절제하며, 자기가 할 일을 하는 것이 공동체 윤리의 기초라고 바울은 말한다. 결국 이 구절들은 5:26과 6:1에서 강조했던 "잘난 체하지 않기", "서로 화를 내거나 샘내지 않기", "타인의 잘

못을 온유하게 바로잡기"와 일맥상통한다.

6:6은 예수 따르미 모임 내에서 이루어지는 선한 '교환의 경제'를 말한다. 선한 의도를 가지고 '조건 없이 주는 선물'만이 순수하고 좋은 선물이라는 현대인의 관점에서 볼 때, "말씀을 가르쳐 준 사람"에게 "말씀을 배운 사람"이 "모든 좋은 것을 함께 나누어야 한다"는 바울의 이야기가 어색하게 들릴 수 있다. 하지만 고대 사회에서는 선물 받은 사람이 보답할 의무가 있다는 것이 일종의 사회 규범이었다. 바울이 여기에서 특히 "모든 좋은 것들"을 공유해야 한다고 강조하는 게 눈에 띈다. 받은 호의에 최선을 다해 감사로 보답하는 것이 교회 공동체 안에서의 경제 윤리이다. 이러한 바울의 권면이 교회에서 헌금과 봉사를 강요하고 목회자를 과하게 '대접'하는 근거로 종종 오용되는 것은 무척 안타까운 일이다. 바울은 자발성과 호혜성互惠性을 강조한다.

6:7-8

은혜의 하나님을 강조하는 교회 현장에서 자라고 생활한 사람들에게 이 두 구절의 무게가 쉽게 와닿지 않을 수 있다. 이 구절들을 이해하기 위해 잊지 말아야 할 점이 있다.

구약은 물론 신구약 중간기 유대 문헌과 신약성서 모두를 관통하는 하나님의 이미지는 공평과 정의의 신이다. 행한 대로 보응하시는 하나님! 이 하나님의 정의라는 틀 아래 죄인에게 용서를 베푸는 자비가 자리한다. 걸출한 신약성서와 초기 유대교 연구가인 E. P. 샌더스가 랍비 유대교를 설명한 말이 여기에도 고스란히 적용된다. "엄격한 정의는 하나님의 자비를 배제하는 말이 아니라, 자의恣意, 변덕, caprice의 반대말이었다. 더군다나 보응 이론은 선택과 속죄라는 더 큰 틀 안에서 기능했으며, 하나님이 언약 안에서 하시는 행위intra-covenantal behaviour를 가리키는 것이다."[5] '한 번 믿으면 영원히 문제없음'이라는 신념은 바울의 생각에서 멀다. 신자도 최종 심판을 받는다. 바울이 다른 곳에서 말한 내용을 자세히 살펴보는 것이 좋겠다.

> 그러나 하나님의 심판이 진리에 따라 그러한 일들을 행하는 자들에게 내려진다는 것을 우리는 압니다. 그러한 일들을 행하는 자들을 심판하면서도 똑같은 짓을 행하는 사람이여! 당신 자신은 하나님의 심판을 피할 수 있으리라

5 E. P. 샌더스, 《바울과 팔레스타인 유대교》(박규태 역, 서울: 알맹e, 2019), 407.

생각합니까? 그러나 당신은 당신의 완고함과 회개하지 않는 마음 때문에 격노의 날, 곧 하나님의 의로운 재판을 계시하실 날에 내릴 격노를 당신 자신에게 쌓고 있습니다(롬 2:2-5).

(그분은) 각자에게 그 행위대로 갚아 주실 것입니다(롬 2:6).

그리고 당신은 왜 당신의 형제를 심판합니까? 혹은, 당신은 왜 당신의 형제를 업신여깁니까? 우리는 모두 하나님의 심판대 앞에 서게 될 것입니다(롬 14:10).

왜냐하면 우리는 모두 그리스도의 심판대 앞에 마땅히 나타나야만 하기 때문인데, (이는) 선하거나 나쁘거나 행한 바대로 몸을 통해 (한 것)을 받기 위함입니다(고후 5:10).

한 번 '믿으면' 구원이 보장된다고 철석같이 믿는 사람들은 아래의 구절들을 다시 보길 바란다.

여러분들 중 누구나 율법으로 의롭게 되고자 한다면 여러분은 그리스도에게서 잘려 나갔으며 은혜로부터 떨어져 나갔습니다(갈 5:4).

그런데 육신의 행위들이란 명백합니다. 그것은 성적 문란, 더러움, 방탕함, 우상숭배, 주술, 적대감, 분탕질, 시기심, 분노 폭발, 반목, 분쟁, 파당 짓기, 질투, 만취, 흥청망청함, 그밖에 이와 비슷한 것들입니다. 전에도 말한 바와 같이 나는 여러분에게 또다시 말합니다. 이러한 짓을 행하는 자들은 하나님나라를 상속받지 못할 것입니다(갈 5:19-21).

[내가 전한 복음]을 통해 여러분 또한 구원받는 중입니다. 만일 내가 여러분께 복음으로 전한 그 말씀에 여러분이 천착한다면! 여러분이 헛되이 믿은 경우를 제외한다면!(고전 15:2)

신자도 하나님과의 관계 안에서 잘못한 일에 대해 벌을 받고 잘한 일에 보상을 받는다. 우리는 바울이 유독 갈라디아서에서 '피스티스로 의롭다고 여겨진 사람'과 하나님과의 관계가 **쉽게 깨질 수 있음**을 강조하는 것을 보았다.

게바가 그러했고, 심지어 '율법으로 의롭게 되고자 시도하는' 일조차 그리스도와의 연합에서 떨어져 나간다. 이 모든 것은 '그리스도-사건'을 선포하는 복음 역시 조금이라도 침해될 수 없는 순종의 대상이자 규범이라는 사실을 말해 준다. 물론 이러한 바울의 논증이 청중의 두려움을 불러일으키기 위해 수사학적으로 정밀하게 계산된 결과물이라는 점을 놓쳐서는 안 된다. 갈라디아서에서 바울의 신학적 논증은 청중의 마음을 움직여 설득하려는 그의 의도로 버무려져 있다. 논쟁으로 가득 찬 글에서 '순수한 사실 진술'을 기대하는 사람은 너무 순진하다. 그러나 수사적 논증은 어느 정도 '사실'에 기반해 있기도 하다.

'뿌린 대로 거둔다'는 법칙은 하나님이 다스리는 세계에서 언제나 틀림없이 작동한다. 한없는 은혜를 강조하면서 이러한 하나님의 통치 법칙을 무시하는 것은 하나님을 업신여기는 것과 다르지 않다. 이런 사람들에 대해 바울이 다음과 같이 권면한다. "여러분은 스스로 속이는 실수를 하지 마십시오"(6:7). 하나님의 엄정한 통치 원리를 애써 외면하며 스스로 설득해 속이지 말라는 말이다. 영을 향해 씨 뿌리는 사람은 영원한 삶을, 육신을 향해 씨를 뿌리는 이는 썩음을 거둔다. 그리스도인의 책임과 의무를 다시금 강조하는 말이다.

6:9-10

뿌린 대로 수확한다는 자명한 이치는 6:9-10에 담긴 지침의 토대가 된다. 바울이 "좋은 일을 하다가 우리 낙심하지 맙시다"라고 권유하는 근거는 "적절한 때에 수확할 수 있기 때문"이다(6:9). 마찬가지로, "시간이 되는 대로 모든 사람, 특히 피스티스를 기반으로 정체성을 확립한 가정들에게 선한 일을 합시다"(6:10)라고 말할 수 있다. 특히 10절에서 "시간이 되는 대로/기회가 있을 때마다" "모든 사람"에게 선한 일을 하자고 독려한다는 점을 눈여겨보자. 선행의 대상과 때는 우리가 생각할 수 있는 최대치여야 한다.

6:12-14a

6:12에서 바울은 앞에서 자신의 적대자들(예루살렘의 거짓 형제들과 갈라디아에서 '율법의 행위들'을 선포한 사람들)을 비판했던 핵심 이유인 '강요'를 다시 언급한다. 그런데 이 구절의 해석이 쉽지 않다. 단순히 할례받기를 강요했다고 비난하지 않고 그렇게 강요하게 된 이유를 지적하는데 그 이유가 명확히 나와 있지 않기 때문이다. 오로지 그리스도

의 십자가로 인한 박해를 피하려는 이유 때문이라고 바울이 말하는데, 앞서 이러한 이야기와 연관된 것을 말한 적이 없어 난감하다. 다양한 추측이 있을 수 있겠지만 우리가 탄탄한 근거를 가지고 추론하기 어렵다는 것을 인정해야 한다. 우리가 말할 수 있는 최소한은 다음과 같다. 바울이 여기에서 그의 적대자들을 겁쟁이, 즉 자신들이 박해를 피하려고 다른 이에게 짐이 될 만한 일들을 강요하는 사람들로 묘사한다는 점이다.

그리고는 '자랑'이라는 주제가 전개된다. 사실 12절부터 시작되어 14절 전반부까지 이어진다. 어떤 자랑이 제대로 된 자랑인가 하는 문제이다. 여기에서 주목할 점은 바울이 적대자와 자기 자신을 대조하며 참된 자랑을 정의한다는 것이다. 주 그리스도의 십자가만이 자랑의 대상이다. 그러므로 그 외 다른 어떤 것을 자랑하는 일은 잘못된 자랑인데, 바울의 적대자들은 내적 신념과 외적 행동이 일치하지 않는, 신뢰할 수 없는 사람일 뿐 아니라 갈라디아인에게 할례를 강요하면서 이방인의 할례를 자신들의 뽐낼 만한 성취라고 생각한다. 잘못되어도 한참 잘못되었다. 그런 그들을 따르는 것은 어리석고도 잘못된 길을 선택해 걷는 것이다.

6:14b-15

6:14 하반절에서 그리스도와 함께 십자가 처형을 당한다는 주제가 다시 등장한다. 사형당하는 이미지, 특히 가장 수치스러운 처형을 당하는 이미지가 우리에게는 별로 충격적으로 다가오지 않는다. 십자가라는 기독교의 대표적 상징이 은혜와 희생과 사랑을 가리킨다고 널리 여겨지기 때문이다. 물론 맞는 말이기는 하지만, 그렇다고 우리 자신이 완전히 처절하고 끔찍한 처형을 당했다는 사실을 자꾸 떠올리지 않으면 우리 옛 정체성이 처형당함과 그 죽음 안에서 신의 힘에 근거한 새로운 생명이 깃들었다는 사실을 쉽게 잊을 수 있다. 이미 죽은 사람은 자랑할 것이 없고 자랑할 수도 없다(6:14a). 바울이 여기에서 또 한 번 놀라운 선언을 하는데, "이 세계가 나에 관한 한 십자가에서 처형당했고, 나도 세상에 관한 한 처형을 당했다"는 것이다. 쉽게 이해되지 않는 말이지만 세상과 '나' 사이에 서로 간섭할 수 없을 정도로 완전한 단절이 일어났다고 해석하면 좋을 것 같다. 세상과 '내 자아'가 단절되는 것은 그리스도와 연합하는 새로운 관계로 진입하는 입구이다. 그분의 죽음에 참여함으로써 이루어지는 그리스도와 합체는 **그리스도의 주권을 인정하는 삶으로 나타난다**. E. P. 샌더스가 이 지점

을 정확히 기술했다.

> 바울이 그리스도의 죽음을 이야기할 때 말하려 했던 첫 번째 의미가 이 죽음이 과거에 사람들이 지은 범죄를 속하는 속죄(대속)라는 것이 아니라(그렇지만 바울은 그리스도인들이 공통으로 주장하는 견해를 따라 그리스도의 죽음이 속죄라는 것도 주장한다), 우리가 그리스도의 죽음에 동참함으로써 죄의 힘이나 옛 세대에 대하여 죽고, 이로 말미암아 결국 우리가 하나님께 속하게 된다는 것임을 본다. 이 옮겨 감은 비단 '우상숭배와 부도덕한 성생활이라는 더러움에서 깨끗함과 거룩함으로 옮겨 감'뿐 아니라, '이 주님(主)에서 저 주님(主)으로 옮겨 감'을 말한다. 이런 옮겨 감은 그리스도의 죽음에 참여함으로써 일어난다.[6]

이어지는 15절에서도 마찬가지로 할례 문제가 재언급된다. 그러나 변주곡처럼 이 주제들은 그 음계와 강약이 살짝 달라진다. 2장에서 그리스도와 함께 처형됨을 말했을 때는 자아의 소멸과 재형성을, 5장에서는 욕망의 제거

6 위의 책, 821.

를 의미했다. 여기에서는 하나님의 효력 있는 은혜와 그리스도의 도래를 통해 정체성이 재형성된 사람(하나님의 자녀, 아브라함의 후손)은 현존하는 세상과 이질적인 존재일 수밖에 없다는 점이 강조된다. 사실상 그리스도와 합체되면서 새로운 생명을 지닌 참 인간이 창조되었는데, 이러한 하나님의 새 창조가 단지 인간에 국한되어 나타난다면 그것이야말로 어불성설이겠다. 하나님의 새 창조 작업은 당연히 '온 세상을 다시 만듦', '모든 것이 다시 만들어짐'으로 확장될 수밖에 없다. 하나님께서 생명을 불어넣으시고 모든 것을 새롭게 하는 능력, 온 세상에 대한 당신 주권의 재천명의 빛에서 볼 때 사실 이 편지 대부분을 채운 이방인의 할례 문제는 사소한 것이 된다.

6:16

6:16은 축도라고 볼 수 있는데, 그리스-로마 시대의 일상적 편지에서 흔히 볼 수 있는 요소이다. 바울이 갈라디아서를 통해 말하려고 하는 바를 제대로 포착하기 위해서는 갈라디아서라는 편지를 처음부터 끝까지 한 번에 읽는 것이 중요한데(더 나은 방법은 누군가가 읽는 것을 듣는 것이다!), 끊김 없이 바울의 글에 집중한 사람은 1:8-9의 충격적 저

주 선포와 6:16의 복 선포에서 극적인 대조를 느낄 것이다. 여기에서 바울은 흥미롭게도 하나님의 복(하나님에게서 오는 평화와 자비)을 받는 대상이 누구인지에 대해 몇 가지 제한조건을 단다. 첫째는 이 규준에 합치하여 사는 사람들, 둘째는 하나님의 이스라엘이다. 이 두 대상이 서로 다른 무리를 가리키는지는 분명하지 않다. 이제껏 바울이 말해 온 것을 종합하면, '그리스도-사건'으로 의롭다고 여겨진 사람들은 영의 약속을 받아 아브라함의 자손이 되었고, 이러한 사람들이 보이는 삶의 형태는 영에 보조를 맞추어, 영에 이끌리는 것이다. 이렇게 보면, 이 두 대상은 사실상 같은 무리를 지칭하는 것 같다. 하나님이 그리스도 안에서 유대인과 이방인이라는 태생을 고려하지 않고 새롭게 창조하신 당신의 백성을 "하나님의 이스라엘"이라고 바울은 이름 짓는다.

규준을 지키는 사람이 하나님의 복을 받는 대상이 된다는 점에 주목하라. 여기에서 규준은 그리스어로 '카논(κανών)'인데 기본적으로는 길이를 재는 잣대를 말하며 기준 혹은 표준이라고 번역할 수도 있다. 반복해 말하지만, 복음은 우리 삶의 규범으로 기능하기 때문에 복음의 내용에 우리는 순종해야 한다. 영에 맞추어 살면서 영에 이끌려 사는 사람이야말로 복음의 진리에 따라 걷고 복음의 진리에 순종하는 사람이다. 따라서 바울의 적대자들이 전파했던 변질된 복음(이방인 신자의 할례와 유대 율법 준수 강요)을 따라가면 진리와 '그리스도의 법'에 순종하지 않는 것이 된다. 바울 버전version의 복음만이 진리이고 절대 더하거나 뺄 수 없는 신성한 법이다. 이것이 1장 8-9절에서 바울이 저주를 선포한 이유이다. 바울 복음에 따라 사는 사람은 올바른 잣대, 즉 그리스도 안의 규범에 맞추어 사는 사람이고, 1장 8-9절에서 선포된 저주의 대상이 아니라 복을 받는 대상이 된다.

6:17-18

"나 자신은 내 몸에 예수의 자국들을 짊어지고 다닙니다"라고 바울은 말한다. 여기에서 "자국들"이라고 번역한 그리스어 단어는 '스티그마타(στίγματα, 스티그마의 복수형)'이다. 우리말 번역어로는 '흔적', '상처 자국', '낙인', '타투' 등이 있다. 복잡하고 감정적 요소가 가득 차 있는 이 편지의 말미에 왜 이런 말을 했는지 알 길이 없다. '스티그마'가 노예에게 가해진 낙인, 즉 소유권을 명시하기 위해 만든 상처 자국을 가리킬 수 있기 때문에, '예수의 스티그마타'는 1:10에서 바울 자신이 명명한 자기 정체성인 '그리스도의 노예'와 서로 상응한다고 볼 수 있다. 즉 그리스도에 예속됨을 나타내는 표시이다.[7] 로마 시대에 노예는 미천한 신분이었지만 노예들 가운데 사회적, 경제적 측면에서 높고 낮음이 있었고, 높은 신분을 지닌 주인에게 속한 노예는 여러 측면에서 상대적으로 '높은' 지위에 있었다.[8] 그리스도의 종으로서 바울은 편지의 처음과 마지막에 자신이 섬기는 주인이 그리스도라는 것을 명확하게 언급함으로써 자신에게 부여된 권위와 영향력을 드러냈다.

우리가 1:1과 2:8에서 이미 보았던 '사회적' 의도를 여기에서도 확인할 수 있다. 바울은 갈라디아인들의 판단에 영향을 주려고 매우 사려 깊게 단어를 골라 사용했다. 사실 그의 모든 문장은 갈라디아인 신자들을 적대자의 영향권에서 빼어 내려는 목적을 달성하기 위해 가다듬어진 것이었다.

---

7 Otto Betz, "στίγμα," *TDNT* 7.657-658 참고, Heinrich Schlier, *Der Brief an Die Galater* (Göttingen: Vandenhoeck & Ruprecht, 1971), 284.

8 자세한 정보와 학계의 논의는 J. Albert Harrill, "Paul and Slavery," in *Paul in the Greco-Roman World: A Handbook*, ed. J. Paul Sampley, vol. 2 (London: Bloomsbury, 2016), 301-45를 보라.

이어서 바울은 "은혜로" 갈라디아인들을 "부르신 분"(1:6)을 상기시키며 주 예수 그리스도의 은혜가 갈라디아인의 "영"과 함께하기를 바라는 염원으로 편지를 맺는다. 은혜, 영, 하나님의 부르심, 이 세 가지가 갈라디아서의 키워드임을 다시 한 번 확인할 수 있다.

"프롤로그"에서 당부했듯이 갈라디아서의 흐름을 제대로 파악하기 위해서는 이 편지를 처음부터 끝까지 단숨에 읽어야 한다. 이 편지가 갈라디아인들 앞에서 처음 낭독되었을 그때 그 자리를 상상하며.

에필로그

이 책은 끊임없이 울리는 긴급재난문자 경보음 속에서 완성되었다. COVID-19라는 전대미문의 재난 한가운데서 한국 교회는 빛과 소금이 되는 데 실패했다. 아니, 이미 짠맛을 잃어버린 교회의 실체가 대중에게 예상보다 빨리 폭로되었다고 하는 게 맞겠다. 그리스도 신앙과 신학에 중추를 제공한 갈라디아서를 풀어 해석한 책을 쓴 뒤라서 그런지 별안간 예사 무게가 아닌 책임감이 내 두 어깨에 올라앉은 느낌이 들며, 갈라디아서 해석의 역사를 짚은 책의 첫 문단이 생각났다.

> 이 편지[갈라디아서]는 그 어떤 문서에 비견되기 어려울 정도로 로마와 비잔틴 제국, 종교개혁과 종교개혁 이후의 유럽에 심원하고 때로는 파괴적이며 전복적인 영향을 지속적으로 끼쳤다. 이러한 역사의 결정적 순간들로부터 생겨난 충격파는 이천 년을 통과하며 전 세계에 전달되었다.[1]

갈라디아서가 내뿜는 충격파는 지금 우리를 어떻게 흔들어 놓을 수 있을까? 우리는 바울의 편지에서 어떤 메시지를 들어야 하는가?

바울이 전한 복음은 보는 사람의 관점에 따라 다양하게 요약될 수 있다. 하지만 나는 많은 이의 관심을 제대로 받지 못한 측면을 조명하고 싶다.

(1) 복음은 사람의 지성과 영성과 도덕성을 변화시킨다.
(2) 믿음은 욕망을 제어하는 삶과 사랑의 실천으로 표현된다.

변화의 최종 목표는 사랑과 순종의 모범을 보이신 그리스도처럼 되는 것이다. 그리스도와 합체된 사람이 그리스도스럽지 않게 되기 어려울 것이다. 마찬가지로, 그리스도에 참여한 사람이 모인 교회 역시 그리스도의 모습을 닮을 수밖에 없다. 흉내가 아니라 변화의 결과로 그리스도의 향기를 뿜는 존재가 그리스도-사람Christians이다.

그리스도로 옷을 입었는가? 그리스도 안에 있는가? 영

---

1 John K. Riches, *Galatians Through the Centuries* (Malden, MA; Oxford: Blackwell Pub., 2008), 1.

의 인도를 받고 있는가? 사랑을 통해 행동하는 믿음을 가지고 있는가? 이웃에게 악을 행하지 않는가? 그리스도께서 우리를 받아들이신 것같이, 우리도 서로 받아들이고 있는가?[2] 구원의 확신은 바로 이러한 질문에 자신이 어떤 대답을 하는가를 보면 쉽게 알 수 있다. 성서해석의 옳고 그름 역시 이러한 질문에 대한 답으로 판별할 수 있다. 그리스도인으로서 **정체성**, 그리스도를 **믿음**, 그리스도인의 **실천**, 이 셋은 하나이다.

복음은 지성의 갱신을 낳는다. 바울은 로마서 12:2에서 이렇게 말한다. "그리고 여러분은 이 세상에 동화되지 말고 **정신의 갱신**으로 변화받으십시오. 하나님의 뜻(바람), 선함, 기꺼이 받으실 만한 것, 완전한 것이 무엇인지를 여러분이 **분별**할 수 있도록." 그리스도-사건을 통해 재조립된 그리스도인은 하나님의 뜻이 무엇인지 분별할 수 있게 되었다. '프뉴마'의 내주를 통해 어리석었던 정신(갈 3:1 참조)이 새롭게 개선되었기 때문이다. 바울이 그의 편지에서 세세한 도덕 지침을 제공하지 않고 굵직한 방향 표시등만 제시한 것도 이런 이유 때문이다. 신자는 세상사와 세상에서

2 갈 3:27; 롬 13:14; 갈 2:20, 5:25, 5:6; 롬 13:10, 15:7.

하나님의 일하시는 모습을 분별할 능력이 있으므로 구체적 행동 지침 없이도 영의 인도에 따라 옳은 판단과 행동을 할 수 있다.

갱신된 정신을 가진 개인이 모인 교회공동체는 하나님의 뜻을 분별할 수 있기에 바른 방향의 숙고를 할 수 있다. "나의 형제들이여, 여러분에 대해 나 자신이 확신하는데, 여러분 자신은 선함이 가득하고, 모든 지식으로 충만하며, 서로 권면할 수 있습니다"(롬 15:14). 이러한 숙고 능력은 공동체의 문제만 해결하는 데 국한되지 않고 교양 있는 시민으로서 삶을 가능하게 한다. 역사적으로 처음 몇 세기 동안 기독교회는 당대의 지적 조류에 성실히 조응하는 가운데 그리스도 신앙을 설득하고 변증할 수 있었다.[3] 다시 말해 초기 기독교는 다양한 종교가 난립하는 종교 시장market에서 충분히 매력 있는 선택지가 될 수 있었는데, 이는 기독교가 제공한 담론이 공적으로나 사적으로 설득력이 있었기 때문이다. 교회와 신자 개인의 오판은 '타락

---

3 Averil Cameron, *Christianity and the Rhetoric of Empire: The Development of Christian Discourse* (Berkeley: University of California Press, 1991) 참고.

한' 이성에 의지해서가 아니라 하나님에 의해 갱신된 이성을 충분히 사용하지 않기 때문에 일어나는 경우가 많다.

그러므로 시민사회의 공공성에서 벗어나는 행동을 하는 기독교인은 존재 자체가 형용모순이다. "실상 이렇게 그리스도에게 종노릇하는 사람은 하나님을 기쁘게 하고 사람들에게도 인정을 받습니다"(롬 14:18). 페미니즘이나 차별금지법, 혹은 복지정책에 대해 충분히 알아보지 않고 단편적인 성경 구절이나 배타성만 남은 '화석화된 신학'에 근거해 의견을 개진하는 것은 매우 부끄러운 일이다. 교회에서 자신의 정치 견해를 밝히고 성도들에게 강압적으로(갈라디아서에서 바울이 그의 적대자들의 '강요'를 집중적으로 비판한 것을 기억하라!) 영향을 주려 하는 목사들의 정치적 식견은 장삼이사의 정치관보다 비루한 경우가 많다. 특히 극우적 정치관을 가진 목사의 경우 더욱 그러한데, 이는 지적 게으름의 결과이지 그리스도 신앙과는 아무 관계가 없다. 하나님의 힘으로 갱신된 지성을 가진 사람에겐 모든 것을 분별할 눈과 귀가 있다. 모든 사안을 제대로 보고 들을 수 있으므로 정치적 이슈에 대해 각자가 충분히 숙고할 수 있다. 숙고의 방향성은 분명하다. 복음의 핵심인 생명을 진작시키며 돈과 욕망의 노예가 되지 않는 것이다. 이는 '이웃 사랑'이라는 구체적 행동에서 가장 뚜렷하게 나타난다.

하나님의 복음은 민족, 사회 계급, 신분, 빈부, 직업, 성별이 '이신칭의'라는 하나님의 구원행위에 아무런 영향을 끼치지 못한다고 크게 외치고 있다. 복음 안에 계시된 하나님은 사람들이 세우고 인정하는 모든 형태의 가치와 분류 체계를 가뿐히 무시하시는 분이다. 하나님께서 무시하시는 돈과 권력을 하나님의 자녀인 그리스도인이 탐하는 것처럼 모순적인 일은 없다. 그리스도와 함께 자신의 욕망과 정욕을 십자가에 못박은 그리스도인(갈 5:24)이 다시금 욕망에 휘둘리는 퇴행을 할 수는 없다. "낮에 [생활]하듯이 품위 있는 모습으로 거닙시다. 흥청거림과 술 취함, 음행과 방탕, 분열되어 다투는 것과 질투 없이. 그보다는 주 예수 그리스도를 입으십시오. 그리고 욕정을 [만족시키기] 위해 육신의 계획을 세우지 마십시오"(롬 13:13-14). 그리스도를 옷으로 입은 사람은 그의 재산과 학력과 나이와 성별과 출신지가 그리스도라는 빛나는 옷으로 가려진다. 그리스도인은 다른 그리스도인을 볼 때 그리스도라는 옷만을 보게 된다.

앞에서 자세히 보았듯이 갈라디아서는 신자의 퇴행 가능성에 대해 엄중히 경고하며 하나님과 그리스도인 사이의 관계가 자칫 잘못하면 끊어질 수도 있다고 말한다. 갈라디아 회중의 특정 문제를 다루느라 위협적인 말을 곳곳에 사용했지만 그렇다고 마냥 겁을 주기 위한 시늉을 한 것은 아니다. 그리스도인이 복음의 진리에 순종하지 않으면 하나님께 정죄받고, 내주하신 그리스도께서 사라질 수 있으며, 그리스도와 연합이 깨질 수 있고, 은혜가 다스리는 영역에서 쫓겨날 수 있으며, 하나님나라를 상속받지 못할 수 있다.[4] 구원과 칭의는 대체로 미래의 지평에 있으며, 이는 신자의 변화와 순종의 행위를 전제한다. '한번 구원받으면 (어떻게 살든지 상관없이) 그 구원은 영원히 취소될 수 없다'는 교리(?)는 바울이 실제 말한 것과는 차이가 있다. 바울이 구원과 칭의를 말할 때는 늘 약간의 불확실성을 살짝 추가한다.

> 여러분이 늘 순종해 온 것처럼, 내가 함께 있을 때만 아니라 오히려 지금처럼 내가 없을 때에 더욱 순종하십시오. 그리고 두려움과 떨림을 가지고 여러분 자신의 구원을 위하여 힘쓰십시오. … 그리하여 [도덕적으로] 비뚤어지고

4 갈 2:11, 4:19, 5:4, 5:21.

뒤틀린 이 세대 가운데서 여러분은 흠 잡힐 데 없고 순전하고 흠 없는 하나님의 자녀가 되고, 사람들 가운데서 세상의 별처럼 빛을 발하십시오(빌 2:12, 15).

여기에서 우리는 약간의 불확실성이 주는 긴장감이 그리스도인됨Christianness을 정의하는 문장으로 이어지는 모습을 본다. 흠 잡힐 데 없고, 별처럼 밝게 빛나는 존재.

그리스도인은 이런 사람이라고 성경은 말하고 있다.

부록 1

바울을 바라보는 새 관점:
기원, 발전, 분화, 그리고 그 이후*

'바울에 관한 새 관점The New Perspective on Paul'은 바울 연구의 한 흐름을 지칭하는 표현이다. 이 표현 안에 들어 있는 '새로운new'이라는 형용사는 2020년 현재 상황에서 그리 적절하지 않다. 두 가지 이유 때문이다. 우선 '바울을 바라보는 새 관점'이 제임스 던James D. G. Dunn에 의해 처음 주창되었을 때가 1982년이었으니 햇수로 따지자면 그 이후 38년이 흘렀다. 어느 학자R. Barry Matlock가 농담처럼 지적했듯이 소위 '바울에 관한 새로운 관점'은 이제 중년기에 진입하고 있다! 둘째, 제임스 던이 1982년 맨체스터대학교의 맨슨 강좌Manson Lecture에서 내놓은 해석과 매우 비슷한 견해가 사실 19세기 후반과 20세기 초중반에 몇몇 학자에 의해 이미 제시되었기 때문이다. 1897년 파울 베른레

* 이 부록은 〈목회와 신학〉 2019년 7월호에 실린 글을 다듬은 것이다.

Paul Wernle는 《바울이 이해하는 그리스도와 죄*Der Christ und die Sünde bei Paulus*》에서 다음과 같이 주장했다.

> 이방인이 하나님의 가족에 속하는 일원이자 성도들과 똑같은 '시민', 즉 하나님의 백성이라는 그룹에 온전한 구성원으로 속하게 되었다는 사실이 바울의 선교 사역 모든 측면에서 결정적 역할을 했다. … 믿음으로 이방인들은 하나님이 아브라함과 맺은 언약에 참여할 수 있게 되었고 아브라함 '부족'의 일원이 되었다. … 이신칭의 교리는 순전히 이방인들을 대상으로 하는 선교에 봉사하는 것이었다. 바울은 율법의 행위에 반대하여 예수의 죽음과 부활을 믿는 이방인들에게 덧붙여야 할 요구사항이 없다고 설명했다.[1]

베른레가 위와 같은 관찰을 한 뒤 약 70년 후 하버드 대학에서 가르쳤던 스웨덴 출신 학자 크리스터 스

---

1 Paul Wernle, *Der Christ und die Sünde bei Paulus* (Freiburg: Mohr, 1897), 83-4. Michael Wolter, *Paulus: Ein Grundriss seiner Theologie* (Neukirchen: Neukirchener, 2011), 341-342에서 재인용.

텐달Krister Stendahl은 1963년에 〈하버드 신학 리뷰*Harvard Theological Review*〉에 발표된 "사도 바울과 서구의 성찰적 양심Apostle Paul and the Introspective Conscience of the West"이라는 기념비적인 소논문에서 위와 같은 내용을 좀 더 구체적이고 설득력 있게 체계화했다. 스텐달의 해석을 한 마디로 이야기하면, 바울의 고민과 루터의 고민은 다르다! 루터가 끊임없이 고민하고 두려워했던, 그의 양심의 갈등은 바울이 씨름했던 문제와 관련이 없다. 빌립보서 3장 6절에서 바울이 분명히 이야기했듯이 바울 자신은 "율법의 의에 관한 한 흠이 없다"고 확신했다. 다시 말해 바울은 루터에 비해 아주 튼튼하고 부끄러움 없는 양심을 가졌다. 스텐달은 이신칭의 교리가 루터와 같이 양심의 고통을 당하는 사람들을 해방하는 구원의 원리가 아니라 '이방인 신자들이 어떻게 유대인 신자들과 마찬가지로 하나님 백성의 일원으로 간주될 수 있는가'라는 교회적, 사회적 차원의 질문에 대한 답으로 제시되었다고 역설했다. 다시 말해 하나님의 구속사에서 이방인들이 차지하는 자리에 대한 고민의 결과가 이신칭의 교리라는 것이다.[2] 칼 바르트의 아들 마커

---

2 Krister Stendahl, "The Apostle Paul and the Introspective Conscience

스 바르트Markus Barth도 스텐달의 견해와 유사하게 이신칭의 교리의 사회적 차원social dimension을 강조했다. "바울은 이방인 신자들의 권리를 위해 싸웠다."[3] 위와 같은 이유로 '바울에 관한 **새로운**new 관점'이라는 표현은 엄밀히 말해 2020년 현재 그다지 적절하지는 않지만 바울학계에 끼친 엄청난 영향력을 고려할 때, 그리고 신약학계의 관행에 따라, 하나의 고유명사로 써도 무방할 것이다.

'바울에 관한 새 관점' 이전의 바울 연구

20세기 초중반에 루터파Lutheran의 바울 해석은 루돌프 불트만Rudolf Bultmann과 그의 제자 에른스트 케제만Ernst Käsemann에 의해 창조적으로 재해석되었고 이후 신약학계에 많은 영향력을 행사했다. 불트만은 그리스도 밖에서 안정과 안전을 추구하던 과거를 버리고 오로지 그리스도께 자기를 의탁하는 **개인**의 실존적 결단을 강조한 반면, 케제만은 개인적 측면을 넘어 인간을 포함한 피조물 전체를 변

---

of the West," *Harvard Theological Review* 56.3 (1963): 199-215.

3 Markus Barth, "Jews and Gentiles: The Social Character of Justification," *JES* 5 (1948): 256.

화시키는 **우주적 차원**의 하나님의 힘과 주재권을 강조했다. 두 사람은 바울 해석에 있어 이렇게 중요한 차이점을 보였지만, 고대 유다이즘에 관한 한 크게 다르지 않은 이해를 보였다. 불트만이 보기에 유대인들과 율법의 잘못된 점은 인간이 피조물이라는 자신의 처지를 잊고 자신의 힘으로 구원을 얻을 수 있다고 믿었다는 데에 있다. 율법을 지키려는 노력 자체가 이미 죄라고 불트만은 역설했다.[4] 케제만은 이신칭의 교리에 상황적 요소가 있음을 보았으나, 그의 이전 세대 학자들의 부정적 유다이즘 이해를 별다른 문제의식 없이 받아들였다. 유다이즘은 율법주의적인 종교이며 인간 스스로 의를 얻어 내려는, 흠결이 큰 종교라는 관점이 신약학계에서 계속 유지되었다.

제 2 성전기 유대교와 랍비 유대교에 대한 새 관점

'바울에 관한 새 관점'은 간단히 말해 고대 유다이즘을 바라보는 새로운 관점에 대한 응답이다. 1977년에 미국인 학자 에드 패리쉬 샌더스E. P. Sanders가 **초기 유다이즘은 율법**

4 Rudolf Bultmann, *Theology of the New Testament* (New York: Scribner, 1951), 1:264.

주의가 아니라 은혜의 종교라는 논지를 강력한 증거와 논증을 통해 제시했고, 이러한 유다이즘에 대한 새로운 관점은 이전까지 당연하게 여겨진, 바울이 '율법의 행위들'을 반대한 이유를 재고하게 만들었다. 유다이즘이 개신교와 마찬가지로 은혜의 종교라면 바울은 왜 '율법의 행위'를 그토록 비난했는가? 그가 보기에 유다이즘의 잘못된 점은 무엇인가?

종교개혁 이래 율법과 복음은 늘 날카로운 대조를 이루는 것으로 이해되었다. 페르디난트 베버Ferdinand Weber는 1880년 《탈굼과 그 외 관련 문헌들에 나타난 유대 신학적 체계》라는 엄청나게 영향력 있는 저서를 출간했다.[5] 베버는 이 책에서 유다이즘을 외식적인 율법주의로 규정했다. 그 뒤 독어권의 많은 학자가 베버의 유다이즘 이해를 이어나갔다.

일부 유대인 학자들이 이러한 개신교 학자들의 율법주의적 유다이즘 이해에 이의를 제기했으나 별다른 반향을 이끌어내지 못했다. 그러나 1977년 샌더스가 주전 200년

---

5 Ferdinand Weber, *Jüdische Theologie auf Grund des Talmud und verwandter Schriften* (Leipzig: Dörffling & Franke, 1897).

부터 주후 200년까지의 유대 문헌을 다 원문으로 읽고 거의 반박이 불가능할 정도로 설득력 있는 고대 유다이즘의 초상을 제시했다. 샌더스는 유다이즘의 기본적 토대 혹은 전제를 '언약적 율법주의covenantal nomism'라고 명명했다. 그는 '언약적 율법주의'를 다음과 같이 설명했다.

> 하나님은 이스라엘을 택하셨고, 이스라엘은 그 선택을 받아들였다. 하나님은 왕이라는 당신의 역할을 따라 이스라엘에게 그들이 최선을 다해 순종해야 할 계명을 주셨다. 순종에는 보상이 주어지고, 불순종에는 형벌이 따른다. 하지만 순종하지 못한 사람은 하나님이 정하신 속죄 수단에 의지하며, 모든 속죄 수단에는 참회가 함께 따라야 한다. 그가 언약 안에 머물려는 욕구를 유지하는 한, 그는 내세에 누릴 생명을 포함하여 하나님의 언약에 따르는 약속들에 분깃을 가진다. 순종하려는 의도와 노력이 **언약 안에 머물기 위한 조건**을 이루지만, 그 의도와 노력으로 그런 조건을 **얻는** 것은 아니다.[6]

6 E. P. Sanders, *Paul and Palestinian Judaism* (Minneapolis: Fortress, 1977), 180. [《바울과 팔레스타인 유대교: 종교 패턴 비교》(박규태 옮김, 서울:

그렇다면 바울이 유다이즘의 '율법의 행위들'을 반대한 이유는 무엇인가? 샌더스가 보기에 "유다이즘의 문제는 기독교가 아니라는 데에 있다."[7] 율법의 문제는 율법을 완벽히 지키기 어렵다든가 그게 자기-의self-righteousness로 이끈다는 데 있지 않다. 단지 하나님이 '예수를 믿음'이라는 단 하나의 수단을 통해 인류를 구원하시기로 작정하셨기 때문에 '율법의 행위들'이 인류가 지닌 문제의 답이 될 수 없다는 논리다. 샌더스는 바울이 선택, 토라, 언약, 이 모두를 부정한다고 생각한다. 많은 학자가 샌더스를 '새 관점' 학파의 일원으로 간주하지만, 샌더스 자신은 바울 해석에 있어 언약 개념과 유대적 유산을 강조하는 제임스 던이나 톰 라이트와 선을 긋는다.

'바울에 관한 새 관점'의 출현과 그 요지

1982년 제임스 던James D. G. Dunn은 맨체스터대학의 맨슨 강좌Manson Lecture에서 강연을 했는데 강연 제목이 "The New Perspective on Paul"이었다. 던은 이 강연에서 샌

알맹e, 2018), 315].

7 위의 책(원서), 552.

더스의 새로운 유다이즘 이해를 전적으로 받아들이지만 샌더스의 바울 해석은 부족한 점들이 있다고 지적한다. 그의 말은 길게 인용할 만한 가치가 있다.

> 바울의 신학의 배경과 맥락을 재구성한 20세기의 틀이 자비로운 하나님을 찾으려 했던 루터의 노력에 의해 결정되었음을 보여 주면서 스텐달이 그 틀에 금이 가게 했다면, 샌더스는 이 같은 루터적 재구성이 1세기 유대 문헌에 나타난 유대교와 얼마나 다른지 보여 줌으로써 그 틀을 완전히 부수었다. 우리는 정도의 차이에 상관없이 바울을 현대화하는 죄를 지었다. 그러나 이제 샌더스는 바울을 새롭게 바라볼 수 있는 최상의 기회를 우리에게 주었다. 샌더스는 16세기가 아닌 1세기로 우리의 관점을 옮겨 놓았다. 그는 모든 학자가 바라는 것, 즉 바울을 바울 당대의 배경에서 적확하게 보는 것과 당대의 맥락에서 바울의 목소리를 듣는 것을 가능하게 해 주었다. 바울이 정말 바울 될 수 있도록 말이다. 하지만 샌더스의 책에서 가장 놀라운 점은 그가 그 틀을 파괴했음에도 불구하고 자신이 제시한 새로운 틀에서 바울을 새롭게 이해하는 데 실패했다는 것이다. … 그는 임의적이고 비이성적인 태도

로 유대교 언약신학의 영광과 위대함으로부터 등을 돌리고, 단지 유대교가 기독교가 아니라는 이유로 유대교를 저버린, 유별나게 특이한 바울이 루터의 바울을 대체했을 뿐이다.[8]

이 같은 비판을 하면서 던 스스로가 제시한 '율법의 행위'에 대한 해석은 다음과 같다.

그렇다면 '율법의 행위들'로 의롭게 된다는 사고를 바울이 거부할 때(갈 2:16에 "율법의 행위들에 의하지 않고"라는 문구가 3번이나 등장한다), 그는 무엇을 공격하고 있나? 이미 말한 바와 같이 이 질문에 대한 답은 이렇다. 바울의 공격 대상은 … **언약**의 율법에 순종함을 따라 이루어진 행위들이다. 갈라디아서 2장 16절의 바로 전 구절과 넓은 문맥이 이러한 답을 확증해 주고 명료하게 해 준다. … [직전 문맥에서] 바울은 예루살렘과 안디옥에서 일어났던 논쟁

8 James D. G. Dunn, "The New Perspective on Paul," in *The New Perspective on Paul*, rev. ed (Grand Rapids: Eerdmans, 2008), 103 [《바울에 관한 새 관점》(김선용 옮김, 서울: 감은사, 2018), 33-34].

들, 아니 위기들을 말한다. 그 충돌은 두 가지 이슈를 다루고 있다. 예루살렘에서는 **할례**가, 안디옥에서는 (명시되지 않았지만 암시된 게 분명한) 유대 음식 율법들과 관련된 **제의적 정결**이 그것이다. 율법의 행위에 근거한 칭의justification를 바울이 강력히 거부한 것은 이 두 가지 이슈에 대한 그의 응답이었다. 좀 더 정확히 말하면, 바울이 그것을 거부한 것은 의로움이 할례나 유대교 정결법 준행 혹은 음식에 대한 금기에 달려 있다는 생각 때문이다. 따라서 우리는 다음과 같이 정당한 추론을 할 수 있다. 바울이 '율법의 행위들'에 대해서 말할 때 그는 편지(갈라디아서)의 청중들이 **할례나 음식법 같은 특정한 율법의 준수**를 떠올리기 원했다. 또한 갈라디아 교인들은 바울이 편지 후반부에 부정적으로 언급하는 또 하나의 율법 준수로서의 "특별한 날들과 축제의 준수"(갈 4:10)를 떠올렸을 것이다. 그런데 왜 이 같은 특정한 '율법의 행위'를 염두에 두었을까? … 바울 당대의 그리스-로마 문헌에 근거해 좀 더 넓은 맥락에서 보자면, 바로 **위에서 언급한 율법들의 준행이 유대교의 고유한 특징으로 널리 간주되었기 때문**임을 알 수 있다.[9]

9 위의 책 (역서), 48-49.

이러한 관찰에 따르면, 바울이 '율법의 행위들'을 반대한 것은 유대인으로서 정체성을 나타내는 표지identity marker, 유대민족 중심주의ethnocentrism, 유다이즘의 배타주의, 언약에 대한 협소한 이해 때문이다. 다시 말해, 던Dunn이 보기에 바울이 '율법의 행위들'을 반대한 지점은 유대인 신자와 이방인 신자를 갈라놓는 율법의 사회적 기능에 있다. '그리스도-사건the Christ-event'은 유대인이나 이방인이 그동안 지녔던 가치 체계와 민족적 자부심, 그리고 던에 따르면 종종 '언약에 대한 오해'를 모두 뛰어넘은 것으로, '그리스도를 믿음faith in Christ'만이 유일하고도 충분한 칭의의 근거로 작용한다. 이러한 관점은 톰 라이트N. T. Wright와 같은 '새 관점 학파'의 학자 대부분이 동의한다. 그렇다면, '새 관점 학파'로 제임스 던과 늘 함께 거론되는 톰 라이트는 어떤 바울 해석을 내놓았을까?

먼저 짚고 넘어가야 할 부분이 있다. 샌더스와 마찬가지로 라이트는 자신의 바울 해석이 '새 관점'으로 불리는 것을 거부한다. 이 부분이 중요한데, '새 관점'은 사실 '새 관점들'이라는 복수형으로 표현되어야 한다. 라이트나 던이 '율법의 행위들'의 의미에 대해 거의 비슷하게 이해하기 때문에 한편으로는 둘 다 '새 관점' 주창자라고 말할 수 있지만, 다른 한편으로 이 두 학자 사이에 중요한 차이점이 있음을 간과할 수는 없다. 비트겐슈타인Ludwig Wittgenstein이 말하는 '가족유사성'이라는 개념을 차용한다면, 다양성 속에서 발견되는 일종의 유사성 때문에 '새 관점들'이라는 복수형 명사를 쓰는 것이 공정하다고 본다.

톰 라이트는 다음과 같이 말한다. "'새 관점'이라 부를 수 있는 어떤 단일한, 일관된 실체라는 것이 애초에 없었다는 사실을 강조해야겠다. 사람들은 종종 샌더스와 던James Dunn과 내가 마치 공동전선을 형성한 것처럼 이야기한다. 하지만 우리는 하나의 집단이나 하나의 운동이었던 적도 없고, 함께 만난 적도, 함께 어떤 계획을 세운 적도 없으며, 서로 간에 늘 심각하고 의미심장한 의견 차이가 존재했다."[10] 톰 라이트는 자신의 바울 해석을 '새 관점'보다는 '신선한 관점fresh perspective'이라는 표현으로 명명하길 선호한다. 라이트는 다른 학자들보다 특히 '언약'이라는 개념을 크게 확장하여 바울 신학의 중심 주제이자 키워드로 사용한다. 톰 라이트는 '언약'을 이렇게 바라본다. "세

---

10 톰 라이트, 《톰 라이트, 칭의를 말하다》 개정판 (최현만 옮김, 평택: 에클레시아북스, 2016), 15.

상을 바로잡으려는 하나님의 계획이 펼쳐지는 수단이 바로 이스라엘과 맺으신 그의 언약이었다. … 세상을 바로잡으려는 하나님의 단일 계획에서 중요한 사실은, 그분이 그 일을 이루실 때 이스라엘을 통해서 하신다는 것이다."[11] 다시 말해, 언약은 "아브라함과 그의 가족을 통해, 전 세계에 복을 주시려는, 하나님의 단일 계획"이다.[12]

이러한 '언약' 개념의 틀 안에서 해석된 예수님의 삶, 죽음, 부활, 즉 '그리스도-사건the Christ-event'은 "아브라함으로부터 시작된 이스라엘의 전 역사가, 모세가 전해 준 토라 아래에서 진행된 이스라엘의 전 역사가, 실제로는 아담으로부터 시작된 인류의 전 역사가 손꼽아 기다리고 있던 바로 그 순간"이며, "하나님은 그것을 통해 세계와 인류를 구원하시는 단일 계획을 언제나 갖고 계셨다는 사실, 그리고 이 단일 계획은 이스라엘의 소명을 그 구심점으로 삼고 있었다는 사실, 그리고 이 소명이 이스라엘의 대표자인 메시아 안에서 열매 맺는 모습을 바울이 보았다는 사실"을 드러낸 사건이다.[13] 메시아 예수는 "하나님의 백성

11 위의 책, 106.

12 위의 책, 108.

이 그 안에서 집결되는 인물"이다.[14] 메시아의 업적은 **"이스라엘을-통한-세계를-위한-단일-계획**the single-plan-through-Israel-for-the-world**"**을 정해진 목표에 이르게 하는 것 … 그 구체적인 내용은 이스라엘이 하나님께 드려야 했지만 드리지 못했던 '순종'을 하나님께 드리는 것이었다."[15]

위에서 잠깐 언급했듯이, 학자들의 서로 다른 이해에도 불구하고 그들을 통틀어 바울에 관한 '새 관점 학파'라고 부르는 것은 각 학자가 '율법의 행위들'의 의미를 해석하는 데 일종의 유사성을 가지고 있기 때문이다. 라이트는 '율법의 행위들'을 어떻게 해석하는가? "'유대인처럼 사는 것'과 '이방 죄인들로부터 거리를 두는 것'이자 '유대인이 나머지 인류로부터 구분되어 하나님의 백성에 속했다는 상태를 보장받는 것'에 대한 신념의 표현이다."[16] **"현재에 있어서** 그러한 것들[토라와 언약을 열심을 가지고 굳게 붙잡는 것]을 수행하는 자들은 내세가 마침내 개시될 **미래**

13 위의 책, 63-64.

14 위의 책, 162.

15 위의 책, 163.

16 위의 책, 182.

에 있어서 어떤 심판이 내려질지를 현재적으로도 이미 확신 있게 알 수 있고 예상할 수 있다. **이것이 주후 1세기의 한 바리새인이 '율법의 행위로 말미암아 의롭다 함을 얻는 것'이라고 말했을 때의 의미**라고 나는 믿는다."[17] 그러나 "하나님은 메시아의 신실함을 통해 그의 백성을 재정의하셨고, 따라서 '율법의 행위들'이 하던 이방인과 유대인을 구분하는 역할은 이제는 더 이상 적합하지 않다."[18]

'새 관점'을 넘어서려는 노력

'바울에 관한 새 관점'이 주류 학계에서 지배적인 견해로 자리매김한 지 오랜 시간이 지났다. 모든 학문이 그렇듯, 한동안 널리 받아들여진 이론은 결국 자연스레 다양한 반론을 마주한다. '새 관점'의 태동은 거의 출발점부터 전통적 바울 해석(바울이 율법 공로주의를 배격했다는 시각)을 지지하는 학자들의 거센 반발에 부딪혔다. 전통적 바울 이해를 옹호하는 학자들은 샌더스의 '언약적 율법주의'가 지나

17 톰 라이트, 《바울과 하나님의 신실하심 – 상》(박문재 옮김, 파주: 크리스챤 다이제스트, 2015), 298.

18 라이트, 《톰 라이트, 칭의를 말하다》 184.

치게 하나님의 선택과 무조건적 언약을 강조했다고 비판하며, 초기 유다이즘(의 한 조류)에서는 율법 준수가 구원의 필요조건이었다고 주장한다. 그러나 이러한 시도는 샌더스가 주장한 핵심을 제대로 파악하지도 논박하지도 못했다. 언약이 유대인과 유대 문헌의 기저에 있는 확신이어서 어떤 유대인이 어떤 주장을 하든 이미 언약 백성이라는 지위를 전제로 한다는 샌더스의 설명에 주목해야 한다.

최근 들어 샌더스의 유다이즘 이해와 던과 라이트의 바울 해석에 주목할 만한 도전이 제기되었다. 존 바클레이John M. G. Barclay, 프란시스 왓슨Francis Watson, 프리드리히 아베마리Friedrich Avemarie, 이 세 학자의 저작은 자세히 들여다볼 가치가 있다.

바클레이는 주저《바울과 선물*Paul and the Gift*》에서 샌더스의 '인약적 율법주의'를 날카롭게 분석하면서, 샌더스의 견해의 근간을 이루는 은혜 개념을 더 세분화하여 이해해야 한다고 역설했다. 바클레이는 (샌더스가 말한 대로) 고대 유대인에게 은혜 개념이 매우 중요했으나, 은혜라는 개념이 '조건 없는 선물'이라는 의미 말고도 다양한 뉘앙스가 있음을 놓치지 말아야 한다고 주장한다. 유대인을 포함한 그리스-로마 시대 사람들은 상황에 따라 은혜/선물이라는 개념에서 초충만성superabundance, 단일성singularity, 우선성priority, 비상응성incongruity, 유효성efficacy, 비순환성non-circularity 중 한 측면 혹은 몇 가지 측면을 강조했다. 고대 사회에서 선물 주고받기 관습은 사회적 유대를 형성하는 매우 중요한 일이었다. 좋은 선물은 '받을 만한 자격이 있는 사람'에게 신중하게 주는 것이었다. 받을 만한 자격이 없는 사람에게 주는 선물은 사려 깊지 않은 행위로 간주되었다. 또한 선물을 받은 사람은 선물을 준 사람에게 어떤 형태로든 되갚아야 한다는 의무감을 느껴야 했다. 쉽게 말해, 현대인들이 교회에서 흔히 말하는 '조건 없이 주어진 은혜'라는 개념이 고대 그리스-로마 시대에는 널리 받아들여지지 않았다는 것이다. 이러한 통찰에 기대어 바클레이는 샌더스의 '언약적 율법주의'가 은혜의 '우선성'(하나님이 먼저 택하시고 은혜를 주심)만 강조한 나머지 은혜라는 개념이 지닐 수 있는 다른 의미를 간과했다고 지적했다. 바클레이에 따르면, 샌더스는 고대 유대 문헌의 다양성을 '언약적 율법주의'라는 틀로 뭉뚱그려 이해했다. 바울은 하나님의 선물이 받는 자의 가치나 자격을 고려하지 않은 채 주어졌다고 선포했다. 즉, 선물의 '비상응성incongruity'을 강조한 것이다. 이는 인간 사회의 가치 기준을 완전히 무시하시는 하나님을 부각한다. 유대인은 은혜에 대한 다양한 개념을 가지고 있었는데, 바울은 유난히 '가치와 자격이 없는' 사람에게 주시는 하나님의 선물을 강조했다는 것이다. 따라서 하나님의 선물을 받은 사람은 사람이 세운 모든 규범과 가치를 재조정하고 재평가해야 한다. 한편, 바클레이는 선물이 수혜자의 가치와 자격과 상관없이 주어질 수도 있지만unconditioned, 그렇다고 선물 받은 사람이 되갚을 답례의 의무가 없다unconditional는 함의가 반드시 따라오는 건 아니라고 말한다. 이러한 관찰은 하나님의 은혜를 받은 사람이 하나님의 뜻에 순종하며 합당한 삶을 살아야 할 의무[예를 들어 "믿음의 순종"(롬 1:5)과 "율법의 의로운 요구를 성취함"(롬 8:4)]가 있다고 역설한 바울의 강조점을 다시 부각하는 데 기여한다.[19]

그렇다면, 바클레이는 바울이 '율법의 행위들'을 반대한 이유를 어떻게 설명하는가? 복음의 관점에서 볼 때, '율법의 행위들'이 지닌 문제점은 선물의 수혜자가 지닌 가치를 고려하지 않고 주시는 하나님의 선물에 '유대인의 민족

---

19 존 M. G. 바클레이, 《바울과 선물》(송일 옮김, 서울: 새물결플러스, 2019), 936.

적 특권'이라는 또 다른 가치 규범을 더하는 것이다.[20] 이 지점에서 바클레이는 '바울의 비판 대상이 유대민족 중심주의'라는 '새 관점'의 해석을 비판한다.

> 그리스도-선물은 왜 이방인 신자들에게 할례를 받으라고 요청하는 것과 양립할 수 없는 것일까? 바울은 할례를 하나의 의식으로서 또는 유대인이라는 민족성의 육체적 표징으로서 반대하는 것이 결코 아니다. … 이방인 신자들에게 할례를 요구하는 것은 그리스도-사건을 유대교 전통에 따라 규정된 가치 기준 안에 가두는 것이 되고, 이로 인해 그리스도-선물은 외부의 다른 어떤 것에 제한을 받게 되며, 이 경우 외부의 다른 어떤 것은 바로 유대인의 민족성과 율법, 이 둘의 가치가 된다.[21]

프란시스 왓슨은 바울 신학의 특징으로 간주되어 온 '무조건적 약속'(창세기)과 '(조건부 약속으로서의) 시내산 율법' 사이의 긴장과 대립이 바울의 이방인 사역의 산물이

---

20 위의 책, 663.

21 위의 책, 663.

아니라 이미 구약(토라)에 존재했던 것이고, 바울의 신학은 구약에 존재하는 양극성과 화해시킬 수 없는 긴장을 그대로 드러낸 것이라고 말한다. 바울은 '조건부 약속'과 '무조건적 구원'의 대조를 구약 안에서 발견하고 강조했다. "바울의 이신칭의 교리는 유대인들의 성서에 대한 해석행위 interpretation와 해석학hermeneutics의 산물이다."[22] 그렇다면 '새 관점' 학파들이 집중했던 문제, 즉 '율법'의 어떤 측면이 바울이 보기에 잘못된 것인가? 왓슨에 의하면 "'율법'은 약속의 성취를 '율법의 행위들'의 수행에 의존케 함으로써 (약속의) 무조건적인 특질을 훼손시킨다."[23]

아베마리는 《토라와 생명*Tora und Leben*》[24]이라는 책에서, 랍비 유대교에 샌더스가 말한 '언약적 율법주의'만 아니라 율법 준수가 가진 구원론적 가치를 존중하는 두 가지 요소인 은혜와 보상이라는 대립 원리가 긴장 가운데 공

---

22 Francis Watson, *Paul and the Hermeneutics of Faith*, 2ed. (London/Oxford: Bloomsbury T&T Clark, 2016), 69.

23 Watson, *Paul and the Hermeneutics of Faith*, 191.

24 F. Avemarie, *Tora und Leben. Untersuchungen zur Heilsbedeutung der Tora in derfruhen rabbinischen Literatur* (TSAJ 55; Tübingen: Mohr/Siebeck, 1996).

존했음을 보여 주었다. 그러나 그는 샌더스의 주요 논지를 어느 정도 인정하기도 했다.[25]

'바울에 관한 새 관점'이 지닌 목회적 함의

'바울을 바라보는 새로운 관점'은 오랜 시간 학자들 사이에서만 논의되던 주제였다. 그러나 학자들은 이 새로운 관점이 함의하는 실천적이고 목회적인 측면을 간과하지 않았다. '바울을 바라보는 새 관점'은 바울이 그토록 반대한 '율법의 행위들works of the law'의 의미를 찾기 위해 노력했다. '새 관점' 학자들 대부분은 '율법의 행위들'이 지닌 유대민족 중심주의 혹은 배타주의가 유대인과 이방인을 갈라놓는다는 점에서 바울의 공격을 받았음에 동의한다. 다시 말해, '율법의 행위들'과 이신칭의 교리가 지닌 사회적 기능social function에 주목했다.

이러한 '새 관점' 학파의 통찰은 21세기를 사는 그리스도인에게도 커다란 도전을 준다. 교회가 분쟁 가운데 있을 때, 적대 관계에 있는 그룹들은 종종 자기 그룹의 견해가

---

25 Avemarie, "Erwählung und Vergeltung: Zur optionalen Struktur rabbinischer Soteriologie." *NTS* 45 (1999): 108-126.

더 우월함을 전제한다. 물론 이에 대해 많은 사회경제적 요인들이 교회 내 분쟁의 기저에 있다. '바울에 관한 새 관점'은 교회 내 이방인과 유대인 신자들이 모두 **동일하게** 죄인이고 '예수님을 믿음(피스티스 크리스투)'이라는 **동일한 근거로** 의롭게 되었기 때문에(또는 의롭다고 선언되었기 때문에), 그 누구도 하나님 앞에서 자랑할 수 없다는 점이 복음의 핵심 메시지라고 강조한다. 모든 차별과 우월의식, 신도들 사이의 반목과 벽, 이 모든 것을 무너뜨리는 하나님의 복음이 끊임없이 강조될 때, 교회 내의 분쟁을 해소하고 해결하는 강력한 출발점과 근거를 갖게 된다.

바울이 전한 복음은 늘 교회 구성원 간의 일치를 강조했다. 이러한 복음의 함의를 좀 더 확장해 본다면, 그리스도인은 교회뿐 아니라 자신이 속한 사회에서 모든 형태의 차별에 저항해야 한다. 더 나아가 세계의 여러 분쟁 지역에 관심을 가지고 분쟁과 싸움을 종식하는 사역에 동참하는 것이 하나님의 뜻임을 깨달아야 한다. 예를 들어 제임스 던은 현대 기독교인 사이의 대립과 반목을 갈라디아서에 기술된 "안디옥 사건"에 비교하기도 하고, 북 아일랜드 Northen Ireland에서 기독교인 사이의 반목, 르완다에서의 학살 등을 언급하며 이러한 일들이 바울의 복음과 얼마나 상충하는지 잘 지적하였다.[26] 하나님의 복음은 민족 정체성, 사회 계급, 신분, 빈부, 성별이 이신칭의라는 하나님의 구원행위에 아무런 영향을 끼치지 못한다고 크게 외치고 있다. 복음의 빛은 모든 사람이 하나님 앞에서 동등하다는 사실을 조명한다. 복음 안에 계시된 하나님은 사람들이 세우고 인정하는 모든 형태의 가치와 분류 체계를 가뿐히 무시하시는 분이다. 성서학은 종종 교회 현장과 유리되어 실천적 통찰을 생산하지 못한다는 비판을 받아 왔다. 그러나 본 부록에서 간략하게나마 살펴보았듯이, 성서를 세밀하게 그 본래의 역사적 맥락에서 이해하려는 노력은 그리스도인의 삶과 정체성, 그리고 실천에 이르기까지 큰 도움을 줄 수 있다.

---

26 James Dunn, "The New Perspective: Whence, What and Whither?" in *The New Perspective on Paul*, 35.

부록 2

갈라디아서 공부를 위한 단계별 안내

1. 바울신학을 깔끔하게 스케치한 책을 읽는다.

- **E. P. 샌더스, 《사도 바오로: 그리스도교의 설계자》**, 전경훈 옮김, 뿌리와 이파리, 2016. (E. P. Sanders, *Paul: A Very Short Introduction*. Oxford: Oxford University, 2001).
  샌더스의 바울 이해는 물론 바울의 신학적 사고를 이해하기 위한 최고의 입문서. 갈라디아서와 로마서를 중심으로 바울의 신학을 설명하고 있다.

- **톰 라이트, 《칭의를 말하다: 하나님의 계획과 바울의 비전》**(개정판), 최현만 옮김, 에클레시아북스, 2016.
  톰 라이트 특유의 바울 해석이 짙게 배어 있지만, 바울의 신학을 전체적으로 조망하는 데에도 도움을 준다. 너무 단순하지도 복잡하지도 않고 본문에 충분히 천착하는 모습을 보여 준다. 갈라디아서 부분만 읽어도 좋다.

- **톰 라이트, 《톰 라이트의 바울: 내러티브 관점에서 본 바울 신학》**, 순돈호 옮김, 죠이북스, 2012. (N. T. Wright, *Paul in Fresh Perspective*. Minneapolis: Fortress Press, 2005).
  라이트의 대작 《바울과 하나님의 신실하심Paul and the Faithfulness of God》의 요약 버전과도 같은 책. 그의 바울 해석을 짧은 지면에 잘 담고 있다.

- **존 지슬러, 《사도바울의 기독교》**, 김광수 옮김, 은성출판사, 1999. (John Ziesler, *Pauline Christianity*, rev. ed. London/New York: Oxford University, 1990).
  출간된 지 꽤 되었지만 바울신학이라는 커다란 산을 조망하기에 여전히 유용하다.

2. 신약개론서나 바울서신 개론서의 갈라디아서 부분을 읽고 개론적 지식(작성 연도, 편지 작성 계기, 주제, 본문의 구조,

흐름 등)을 습득한다.

- **브루스 롱네커, 토드 스틸, 《바울》**, 박규태 옮김, 성서유니온, 2019.
  갈라디아서를 다룬 부분(156-195쪽). 이 책의 193-195쪽에 있는 질문은 현대 바울 연구자들이 골몰해 온 중요한 이슈를 담고 있다. 이에 비교적 쉽게 답을 할 수 있어야 갈라디아서를 어느 정도 이해했다고 말할 수 있다.

- **스탠리 포터, 《바울서신 연구》**, 임재승, 조명훈 옮김, 새물결플러스, 2019.
  갈라디아서 부분(327-362쪽)은 좋은 개론 지식과 연구사 요약을 담고 있다.

3. 본 책 **《갈라디아서》**를 읽는다.
전문 주석은 학자를 대상으로 집필되었기 때문에 본문 이해에 당장 필요하지 않은 정보도 많이 있어서 훈련받은 독자가 아니면 길을 잃기 쉽다. 아래의 네 번째 단계로 가기 전 본 책을 읽으면서 갈라디아서 본문의 흐름과 각 구절의 의미를 비교적 또렷하게 파악하면 전문 주석을 읽을 때 부차적 정보를 쳐내면서 필요한 정보에 집중할 수 있다.

4. 각자의 관심에 따라 갈라디아서 전문서를 읽는다.

- **존 바클레이, 《바울과 선물》**, 송일 옮김, 새물결플러스, 2019.
  이 책의 갈라디아서 섹션은 아주 좋은 간략한 갈라디아서 주석이라고 봐도 좋다. 물론 전문가를 위한 책이기 때문에 선행 지식이 필요하지만 아주 잘 쓴 책이어서 비교적 수월하게 읽을 수 있다.

- **J. 루이스 마틴, 《앵커바이블 갈라디아서》**, 김병모 옮김, CLC, 2018.
  현대 묵시적apocalyptic 해석의 기념비적 주석. 일반적 의미의 역사비평적 접근보다는 신학적 해석에 좀 더 가깝고, 마치 한 편의 웅장한 설교를 듣는 느낌을 준다. 바울이 묵시적 세계관(세상을 하나님과 하나님의 적대 세력 사이의 우주적 전쟁이 진행되는 장소로 보는 관점)을 가졌다고 보는 마틴의 주장은 초기 칼 바르트와 에른스트 케제만의 영향을 받았다. 보충해설Excursus에 중요한 정보가 많이 담겨 있어 주제별 연구에 유용하다. 현대의 철학자 사이에서도 많이 논의되고 참고되는 연구이다.

- **토마스 R. 슈라이너, 《강해로 푸는 갈라디아서》**, 존더반 신약주석 시리즈, 김석근 옮김, 디모데, 2017.
  전통적이고 보수적인 입장을 개진하는 주석. 최신 연구 성과를 각주에 성실하게 반영하고 있어서 갈라디아서 연구의 최신 동향을 파악하는 데 도움을 준다.

갈라디아서

김선용 지음

2020년 11월 6일 초판 1쇄 발행

펴낸이 김도완
펴낸곳 비아토르
등록 제406-2017-000014호(2017년 2월 1일)
주소 경기도 파주시 문발로 197 102호(우편번호 10881)
전화 031-955-3183
팩스 031-955-3187
전자우편 viator@homoviator.co.kr

편집 박동은
디자인 임현주
제작 제이오
인쇄 민언프린텍
제본 정문바인텍

ISBN 979-11-88255-72-6 03230